SANTO DIAS
A Construção da Memória (1962-2005)

CONSELHO EDITORIAL
Ana Paula Torres Megiani
Eunice Ostrensky
Haroldo Ceravolo Sereza
Joana Monteleone
Maria Luiza Ferreira de Oliveira
Ruy Braga

SANTO DIAS
A Construção da Memória (1962-2005)

Carlos Alberto Nogueira Diniz

Copyright © 2017 Carlos Alberto Nogueira Diniz
Grafia atualizada segundo o Acordo Ortográfico da Língua Portuguesa de 1990, que entrou em vigor no Brasil em 2009.

Edição: Haroldo Ceravolo Sereza
Editora assistente: Dafne Ramos
Projeto gráfico, diagramação e capa: Larissa Polix Barbosa
Revisão: Alessandra Collontini
Assistente acadêmica: Bruna Marques
Assistente de produção: Jean Ricardo Freitas
Imagem de capa: *Cartaz da Pastoral Operária*

Esta obra foi publicada com apoio da Fapesp 2015/16820-2

CIP-BRASIL. CATALOGAÇÃO NA PUBLICAÇÃO
SINDICATO NACIONAL DOS EDITORES DE LIVROS, RJ
D61s

Diniz, Carlos Alberto Nogueira
Santo Dias : a construção da memória (1962-2005) / Carlos Alberto
Nogueira Diniz. - 1. ed. - São Paulo : Alameda, 2016.
198 p. : il. ; 21 cm.

Inclui índice
ISBN 978-85-7939-511-7

1. Partido nacional sindicalista. (Brasil). 2. Brasil - Política e governo
- 1962-2005. 3. Sindicalismo - Brasil - História. I. Título.

| 16-36879 | CDD: 331.88 |
| | CDU: 331.105.44 |

ALAMEDA CASA EDITORIAL
Rua Treze de Maio, 353 – Bela Vista
CEP 01327-000 – São Paulo – SP
Tel. (11) 3012-2403
www.alamedaeditorial.com.br

Linha linha de montagem
A cor e a coragem
Cora coração
Abecê abecedário
Ópera operário
Pé no pé do chão (...)
Na mão, o ferro e a ferragem
O elo, a montagem do motor
E a gente dessa engrenagente
Dessa engrenagente
Dessa engrenagente
Dessa engrenagente sai maior (...)
Gente que conhece a prensa
A brasa da fornalha
O guincho do esmeril
Gente que carrega a tralha
Ai, essa tralha imensa,
Chamada Brasil (...)

Chico Buarque & Novelli. *Linha de montagem.* Compacto Show 1º de maio, Philips, 1980

Dedico este trabalho a minha esposa Zaíra Paldinho
Montani Diniz, meus pais Gustavo Nogueira Diniz,
Zilda Rodrigues Diniz e meu irmão Marcio Roberto
Nogueira Diniz incentivadores de meus estudos

Sumário

PREFÁCIO 11

INTRODUÇÃO 13

I. SANTO DIAS, "MEMÓRIAS EM CONSTRUÇÃO" 25

II. SANTO DIAS, O OPERÁRIO 59

Memória e experiência de um operário 60

Santo Dias, memórias de sua trajetória política e sindical 88

III. SANTO DIAS, LUGARES E FRAGMENTOS DA MEMÓRIA 109

Acervo do Cedem, Fundo Santo Dias 110

Fragmentos e utilizações da memória de Santo Dias 135

CONCLUSÃO 161

REFERÊNCIAS 167

ANEXOS 175

Prefácio

O trabalho de Carlos Alberto Nogueira Diniz recupera os percalços da memória construída de Santo Dias da Silva. O operário foi metalúrgico morto pela Polícia Militar quando participava de um piquete em Santo Amaro (SP) em 1979, tornou-se símbolo da luta dos operários e, ao mesmo tempo, representou a trajetória de outros iguais. Migrante, viera da zona rural devido à expulsão da terra em que vivia. Ele, como tantos, encontrou trabalho em uma metalúrgica e, com o acirramento das condições de vida, passou a fazer greves exigindo melhores condições de vida. Sua morte construiu uma série de representações no ressurgimento dos movimentos sociais em pleno período da Ditadura Militar seja em prol de melhores salários e como membro da Sociedade Amigos de Bairro, da Pastoral Operária, e da Comunidade Eclesial de Base. As condições de sua morte levaram a Polícia Militar segurar por horas o corpo do operário, pois as marcas apontavam claramente assassinato criando grande indignação e levando milhares de pessoas as ruas de São Paulo. A morte de Santo Dias representou ainda o lado repressivo da Ditadura voltado contra trabalhadores e não mais contra intelectuais que reivindicavam mudanças no regime político.

Carlos Diniz faz uma análise das representações construídas após a morte de Santo Dias ao problematizar a construção da memória do operário. Fazendo uso de ampla pesquisa sobre a vida e participação de Dias nos diversos movimentos operários, ele acaba indiretamente recuperando aspectos pessoais e o processo de movimentação dos movimentos sociais, o nascimento e fortalecimento de alguns sindicatos e o uso da figura de Santo Dias e Manoel Filho, outro líder operário morto pela Polícia Militar da Ditadura, como mártires da luta por melhores condições de trabalho e salário contra a Ditadura Militar. Embora os grupos populares não produzam muito sobre si próprios, Carlos consegue obter um rico cruzamento revelando as sutilezas da vida dos operários à época e o processo de organização de uma frente trabalhadora combativa no período de repressão e que, posteriormente, até o final da Ditadura, irá se partidarizar.

O autor acaba por biografar Santo Dias, quase criando uma prosopografia, a história pessoal de Dias se aproxima com a de outros líderes conhecidos que trilharam e posteriormente ajudaram a criar partidos e passaram a atuar na vida política de nosso país. Acredito que o trabalho de Carlos Diniz é uma rica contribuição para os estudos dedicados à história contemporânea de nosso país, em especial, aos estudos dedicados à reorganização do movimento operário, e ao estudo biográfico dos grupos populares e dos movimentos sociais recentes.

Lúcia Helena Oliveira Silva

Introdução

Neste trabalho, analisaremos a construção da memória de Santo Dias da Silva, liderança operária ligada aos movimentos sociais de bairro e à Oposição Sindical Metalúrgica.

Santo Dias nasceu em 22 de fevereiro de 1942 no distrito de Terra Roxa do interior de São Paulo, trabalhou na fazenda Guanabara, na mesma cidade. Em 1962, foi expulso junto como sua família, mudou-se para São Paulo onde posteriormente casou-se com Ana. Santo Dias participou da Oposição Sindical Metalúrgica, da Pastoral Operária, do Movimento Custo de Vida e das associações de bairro e morreu em 30 de outubro de 1979, após ser baleado durante um piquete por um policial.

No início da década de 1990, eu tinha 10 anos, lembro-me de uma visita a uma comunidade católica muito pobre, que ficava no interior de uma favela no bairro de São Mateus, na zona leste de São Paulo. Essa comunidade tinha o nome de Santo Dias. Eu, garoto que cursava a catequese, perguntei para minha professora se tratava de um santo católico. Ela me disse que não. Segundo minha professora na época, Santo Dias foi um homem que lutou pelo direito dos pobres e dos trabalhadores e se tornou um símbolo dessa luta após sua morte. Ao entrar na pequena capela de chão batido, tijolos crus e coberta com telhas de eternit, observei que a admiração com que Santo Dias era apresentado aproximava-se muito da veneração de um santo católico.

Lembro-me do clima tenso por se tratar de uma comunidade marginalizada pela miséria que sofria com a violência que, desde aquele tempo, já assombrava as favelas e periferias de São Paulo, e que foi amenizado, pela entrega de ovos de páscoa para as crianças do local.

> Quando folheio uma história contemporânea e quando passo em revista os diversos acontecimentos franceses ou europeus que se sucedem desde a data de seu nascimento, durante os oito ou dez primeiros anos de minha vida, tenho com efeito a impressão de um quadro exterior do qual ignorava a existência e aprendo a recolocar minha infância dentro da história de meu tempo (HALBWALCHS, 2004, p. 62).

Naquela época, evidentemente, não tinha ideia da importância da memória daquele personagem para as pessoas da comunidade, que, muito provavelmente, quase desapareceram entre as mazelas do cotidiano das periferias de São Paulo ou devido ao imediatismo amnésico atual.

> Porém, se esclareço assim essa primeira fase de minha vida externamente, minha memória, no que ela tem de pessoal, não fica muito enriquecida, e no meu passado de criança não veja brilhar em novas luzes e novos objetos surgirem e se revelarem. É sem dúvida porque então não lia ainda os jornais e porque não participava das conversas dos adultos. No presente, posso fazer uma idéia, mas uma idéia necessariamente arbitrária, das circunstâncias públicas e nacionais pelas quais meus pais se interessavam: desses fatos, não mais

do que eles determinaram junto aos meus, não tenho nenhuma lembrança direta (HALBWALCHS, 2004, p. 62).

Confesso que a empatia com o personagem foi de grande influência para sua escolha enquanto objeto de pesquisa, mas muito mais premente foi a possibilidade de rememorar espaços de lutas, resistências e anseios que pessoas simples como ele ajudaram a construir em lugares tão improváveis e "esquecidos" quanto aqueles, mas importantíssimos no processo de redemocratização do Brasil.

Sua memória está presente em nomes de praças, escolas, comunidades e instituições da Grande São Paulo. Santo Dias da Silva, após sua trágica morte, passou a representar um mártir, algo recorrente entre movimentos e pastorais ligados à Teologia da Libertação, principalmente no Brasil e na América Latina.

Nesta pesquisa, foi utilizada como uma das fontes principais a obra de Paulo Nosella, na qual o autor entrevista Santo Dias cerca de um mês e meio antes de seu assassinato. Nessa entrevista, o operário relata situações vividas, sua atividade sindical e política e sua concepção de mundo em relação aos mais variados assuntos.

A biografia de Santo Dias foi um projeto elaborado por sua filha, a pedagoga Luciana Dias, com interesse de resgatar a memória de seu pai, projeto para o qual contou com a colaboração da jornalista Jô Azevedo e da fotógrafa Nair Benedicto. Esse livro aborda as vivências e memórias de Santo Dias e, utilizando-se também do contexto histórico, sua abordagem é extremamente relevante, já que consegue trabalhar a memória familiar do indivíduo e mescla todo esse legado à análises históricas e sociais produzidas no meio acadêmico que retratam mudanças, espaços e rupturas na conjuntura social de seu tempo.

Assim, a abordagem será dividida em três eixos principais: a problematização da memória entre seus principais estudiosos, relacionando-a ao processo de construção da memória coletiva; uma breve abordagem sobre a trajetória de Santo Dias; e, por último, o processo de "construção" da memória do operário.

Esses três eixos principais serão respectivamente os três capítulos que irão compor a abordagem desta dissertação da seguinte forma: Capítulo I – Santo Dias, memória em construção; Capítulo II – Santo Dias, o operário; Capítulo III – Santo Dias, lugares e utilizações da memória.

No primeiro capítulo, procurei problematizar a questão da memória a partir de seus principais estudiosos, relacionando-a com meu objeto de estudo, que é analisar como foi construída a memória de Santo Dias.

No início, será utilizado o texto de Dosse (2004) para abordar como a memória foi constituída através dos tempos e as diferentes utilizações desta pelos diversos grupos sociais. Nesse sentido, a memória tem um papel essencial na manutenção e legitimação tanto do poder político como também das práticas coletivas.

Começamos analisando a busca dos franceses por uma identidade e qual seria o papel da memória nesse sentido. Outra discussão são as tradições inventadas, ou seja, aquelas criadas em um espaço curto de tempo, mas que se mantêm através de ritos e práticas que parecem existir desde sempre, mas que na verdade são utilizações, por parte da memória coletiva, de determinado simbolismo que unifica pessoas e grupos em torno de uma ideologia.

As "tradições inventadas" são uma discussão que parte do livro do historiador inglês Hobsbawm. A partir dele abordo as celebrações da memória do operário Santo Dias como uma tradição inventada, mas também rica de simbologias e ritos que trabalharei no último capítulo.

Durante o texto, procurei relacionar *História Social da Memória*, de Dosse (2004), e a forma com que a memória se constituiu na França, suas utilizações e generalizações. Na abordagem de Dosse, a memória está quase sempre ligada à história e, portanto, às diferentes formas de pensar a história que, de maneira sucinta, também aparecem no texto.

Posteriormente, procurei demonstrar a relação entre história e memória por meio de alguns de seus principais estudiosos – Bérgson, Michael Pollak, Maurice Halbwachs – e dos comentários de Marc Bloch.

O principal objetivo dessa abordagem foi entender a memória enquanto *memória coletiva* e produzida a partir das relações dos diversos atores sociais que a compõem.

Nesse sentido, Bergson, ao entender a memória como algo subjetivo e não localizado em algum lugar do cérebro, rompe com as perspectivas "fisicalistas" que tendiam a ver o homem como se fosse uma máquina composta por peças e engrenagens.

Mas foi a partir de Halbwachs que os estudos sobre a memória e a memória coletiva conseguiram avanços importantes. Halbwachs concebe a memória como construída de forma coletiva a partir das relações sociais e cotidianas vivenciadas pelo indivíduo. A memória, portanto, sofre um processo constante de troca e interação na sua constituição. O autor enfatiza a distinção entre memória e história, distinção que aparece também no texto *Lugares da memória*, de Pierre Nora, já que Marc Bloch, dentro de uma nova perspectiva de construção do conhecimento histórico, na qual a multiplicidade de linguagens, fontes e problematizações em relação ao passado fazem com que a história e a memória tenham também, por mais que rejeitem, sempre um passado cheio de incertezas e de perguntas.

E, nesse "labirinto", por que não dizer, nessa "batalha" pela memória, trabalhei com o texto de Pollak, *Memória, Esquecimento e Silêncio*, a partir do qual foi possível apresentar a memória de Santo Dias como memória subterrânea, na medida em que ela representa os grupos excluídos de nossa sociedade. Mesmo que possua espaços de exposição, é necessária uma constante rememoração para que essa memória ainda encontre representatividade no meio social.

No capítulo II, procurei relacionar a construção da memória de Santo Dias com a experiência histórica do personagem, já que estão ambas relacionadas e foram constituídas a partir das relações sociais. O capítulo está dividido em duas partes, a primeira dedicada à experiência de vida de Santo Dias, e a segunda, em que abordei sua trajetória política e sindical. Apesar dos aspectos de sua vida pessoal e de sua militância estarem separados em tópicos diferentes, ambas as situações confluem para um único personagem, inserido dentro dos antagonismos e contradições de sua classe.

Começo o texto abordando a relação entre a biografia e a história e as possibilidades de construir o conhecimento histórico a partir da biografia de um personagem, mesmo que a minha intenção não seja produzir uma biografia, mas estabelecer uma relação entre a trajetória de Santo Dias e sua memória.

O conceito de experiência de Thompson é essencial dentro deste trabalho, na medida em que é por meio da experiência histórica que se constituiu toda a trajetória de Santo Dias; e a partir dos fragmentos de sua vida, das relações que estabeleceu, houve a construção e utilização cultural, política e religiosa de sua memória.

Durante a primeira parte, também faço uma breve narrativa das experiências de Santo Dias, suas dificuldades e limitações que, nesse sentido, são pertinentes, já que valorizam o aspecto humano do personagem e ajudam a romper com idealizações que a construção de sua memória apresenta.

> A crença na unidade da escrita biográfica, capaz de apresentar a vida do personagem como um conjunto coerente de ações e sentimentos, foi entendida por Pierre Bourdieu (1996, p. 184) como uma "ilusão", que "transcorresegundo uma ordem cronológica que também é uma ordem lógica, desde um começo, uma origem, no duplo sentido de ponto de partida, deiní-

cio, mas também de princípio, de razão de ser, de causa primeira, até seutérmino, que também é um objetivo". A coerência que o biógrafo imaginainscrever no seu trabalho não encontra correspondência no real, pois este "é descontínuo, formado de elementos justapostos sem razão, todos eles únicos e tanto mais difíceis de serem apreendidos, porque surgem de modo incessantemente imprevisto, forade propósito, aleatório" (Bourdieu, 1996, p. 185). Se a realidade não possui qualquer significação unificadora, as narrativas de vida, organizadas em função de uma explicação final para a trajetória individual, são simples artifícios contra a falta de sentido do mundo. Estaria nessa construção fictícia o grande equívoco do biógrafo. Ele imagina poder dotar de sentido uma existência que é sempre fraturada, atravessada por tensões e conflitos, disposta em fragmentos. (AVELAR, 2010, p. 40)

Avelar (2010) utiliza-se do texto de Bourdieu (1996, p. 183-191) para alertar em relação ao aspecto linear e de sentido das narrativas que se utilizam da biografia. Mas é preciso salientar que o aspecto linear e de sentido posto em minha abordagem tem o objetivo de juntar os fragmentos da vida desse operário e, a partir deles, analisar como foi construída sua memória. Não se trata de uma "nova biografia", mas de evidenciar suas experiências a partir dos fragmentos advindos dos documentos, relatos e discursos sobre o seu legado.

A segunda parte do capítulo é dedicada à trajetória política e sindical de Santo Dias, pois, a partir das relações estabelecidas por ele, será possível analisar posteriormente as vozes, os silêncios e as construções presentes nos fragmentos de sua memória.

Nessa parte do trabalho pretendi estabelecer uma relação entre a trajetória política e sindical de Santo Dias e a construção de sua memória. Portanto, utilizei como fontes principais parte do acervo do Cedem (Unesp) que possui alguns fragmentos e relatos sobre a trajetória de Santo Dias, além de uma entrevista concedida pelo operário ao sociólogo Paulo Nosella, em 15 de setembro de 1979, pouco mais de um mês antes de sua morte. Nosella (1980), na época, estava fazendo uma pesquisa de campo e resolveu entrevistar vários operários de diferentes graus de escolaridade e envolvimento político para identificar as diferentes perspectivas em relação ao mundo e à sociedade desses indivíduos. Por indicação de um amigo, acabou chegando até Santo Dias.

> Meu interesse levou-me a entrevistar vários operários, metalúrgicos ou não, que apresentassem diferentes graus de engajamento político. Numa dessas entrevistas "esbarrei", por uma grande coincidência, com Santo Dias da Silva.
> Nunca o tinha visto antes, nem conhecia seu trabalho. Através de um amigo comum, sabia apenas que era um "cara legal", militante, sindicalista; uma pessoa que tinha visão mais crítica das coisas (NOSELLA, 1980, p. 14).

Dessa entrevista resultou o livro *Porque mataram Santo Dias: quando os braços se unem à mente*. A entrevista foi dividida em capítulos, abordando diferentes temáticas, sendo o último dedicado às opiniões de Santo Dias sobre algumas temáticas.

> É uma vida que não fecha seu círculo no estreito e ilusório horizonte do individual,

nem no escasso espaço familiar. Santo não vive para ser feliz ou para fazer felizes seus familiares. A dele é uma vida que se abre à sociedade local e mundial (aos companheiros espanhóis, cubanos, americanos, etc.) e à História, como uma promessa (NOSELLA, 1980, p. 20).

O autor utiliza-se de uma linguagem acadêmica com a presença de conceitos e chavões de teor "marxista", mas em alguns momentos chega a encaixar o personagem, no caso Santo Dias, como um exemplo de "consciência de classe" e de atuação no meio operário. Nota-se uma idealização desse personagem, já que a publicação da entrevista ocorreu pouco tempo depois da morte Santo Dias.

Nosella aborda o personagem Santo Dias no texto que antecede a entrevista como uma ameaça à ordem vigente e, por esse motivo, teria sido vítima da repressão. Mas não se pode afirmar isso, já que a repressão atingiu também outras pessoas, muito menos envolvidas politicamente que Santo Dias. Não podemos desconsiderar a liderança de Santo Dias no bairro, nas pastorais e no sindicato, sendo que ele ganhou mais notoriedade justamente após a sua morte.

A própria escolha do autor em publicar a entrevista de Santo Dias após a morte deste, em detrimento das entrevistas feitas com outros operários, já demonstra a influência desse fato nos seus textos.

Na entrevista, Santo Dias conta sua vida a partir da perspectiva de sua luta política e sindical. Sua narrativa expressa uma visão crítica em consideração ao passado de exploração que ele sua família sofreram no campo e na cidade. Nesse sentido, sua trajetória e atuação política influenciaram diretamente na forma com que narra sua história de vida.

A participação política e sindical de Santo Dias é decisiva na abordagem que ele mesmo utiliza para a sua vida e na forma com que observava as relações humanas e sociais.

A "concepção de mundo" de Santo Dias e seu discurso são constituídos o tempo todo pelos antagonismos de classe que o próprio operário percebia na sociedade, mas é preciso observar também que ele era influenciado pelo ambiente de contestação, tanto das comunidades de base como da oposição sindical.

Ao se lembrar do passado, Santo Dias fala a partir de um presente bastante conturbado de sua trajetória, o que expressa seu comprometimento cada vez maior com a mobilização dos trabalhadores, tanto no sindicato quanto nos bairros.

A sua narrativa é paradoxal, porque ao mesmo tempo em que possui uma linearidade, é também repleta de rupturas e de descontinuidades em relação à sua vida, que parece juntar dentro do mesmo personagem: o pacato operário vivendo seu cotidiano familiar e o militante sindical contestando sua realidade social.

O capítulo III – Santo Dias, lugares e fragmentos da memória – foi dividido em duas partes principais: na primeira parte, analisei a formação do acervo Santo Dias no Cedem e sua diversidade de fontes documentais; na segunda, analisei as utilizações da memória de Santo Dias, ou seja, os discursos e silêncios presentes nas várias manifestações e práticas presentes nos processos de rememoração desse personagem.

É a partir do Fundo Santo Dias que será possível problematizar a respeito da construção desse "lugar da memória" e da sua utilização pelos grupos e atores sociais que ajudaram a construí-lo. Mas, é preciso lembrar também que a memória de Santo Dias vai além dos chamados "lugares da memória", ela encontra eco nas práticas de rememoração, que de alguma forma fazem com que o legado do personagem seja renovado diante dos conflitos e questões do presente. Nesse sentido, analisar os fragmentos materiais e de práticas da memória de Santo Dias possibilita refletir sobre os espaços de luta e de inquietação que trabalhadores produziram em um tempo recente.

CAPÍTULO I
SANTO DIAS: MEMÓRIAS EM CONSTRUÇÃO

Faces sob o sol, os olhos na cruz
Os heróis do bem prosseguem na brisa da manhã
Vão levar ao reino dos minaretes a paz na ponta dos arietes
A conversão para os infiéis
Para trás ficou a marca da cruz
Na fumaça negra vinda na brisa da manhã
Ah, como é difícil tornar-se herói
Só quem tentou sabe como dói vencer Satã só com orações
Ê andápaCatarandá que Deus tudo vê
Ê andápaCatarandá que Deus tudo vê
Ê anda, ê ora, ê manda, ê mata, responderei não!
Dominus dominium juros além
Todos esses anos agnus sei que sou também
Mas ovelha negra me desgarrei, o meu pastor não sabe que eu sei
Da arma oculta na sua mão
Meu profano amor eu prefiro assim
À nudez sem véus diante da Santa Inquisição
Ah, o tribunal não recordará dos fugitivos de Shangri-Lá
O tempo vence toda a ilusão
Ê andápaCatarandá que Deus tudo vê
Ê andápaCatarandá que Deus tudo vê
Ê anda, ê ora, ê manda, ê mata, responderei não!

Agnus Sei, João Bosco / Aldir Blanc

Ao propor a análise da construção da memória do operário Santo Dias da Silva, é necessário primeiramente discutir sobre a memória e suas implicações teóricas. Outra questão pertinente é a relação entre o estudo sobre a vida de um indivíduo (sua trajetória) e uma memória coletiva construída por meio da vivência e também de discursos, apropriações e experiências coletivas que se constituem a partir de sua morte.

Por meio da experiência histórica de Santo Dias e daqueles que conviveram com ele ou ajudaram a construir, mesmo que de forma fragmentada, sua memória, será possível fazer uma "história da memória" ou aglutinar novos elementos à memória do operário Santo Dias da Silva.

Thompson, a partir da experiência histórica dos trabalhadores ingleses, pôde desenvolver uma análise na qual a formação da classe operária e suas relações foram se constituindo de forma orgânica. Os indivíduos aparecem, têm nome, identidade e cultura, não são meros autômatos ou números que juntos formaram a classe operária e, sim, pessoas.

Por meio das experiências históricas de Santo Dias é possível "desconstruir" concepções idealizadas sobre sua trajetória, valorizando aspectos do seu cotidiano e das atividades políticas dentro do sindicato e dos movimentos sociais de bairro. Para isso, é necessário inseri-lo dentro do contexto histórico e de classe no qual viveu, pois somente assim é possível entender parte de suas ações e visões de mundo.

Ser operário no Brasil durante o regime militar e mesmo assim, ajudar a construir "pequenos espaços de democracia e participação". Assim, foi com Santo Dias, como com tantos desconhecidos que também ajudaram dentro de suas possibilidades na redemocratização do Brasil. Claro, é preciso salientar que as ações desses movimentos estavam primeiramente ligadas a problemas cotidianos e somente foram tomando conotação política e contestatória com o tempo.

Nesse sentido, problematizar a memória e a forma com que se constitui é importante principalmente a partir da concepção da memória enquanto memória coletiva e constituída por meio das interações humanas.

Pretendo, assim, nesse primeiro capítulo, problematizar os caminhos teóricos sobre os estudos da memória e, a partir dessa discussão, propor uma análise da memória por meio da experiência de classe vivenciada por Santo Dias.

"Uma história social da Memória", do livro *A História,* de François Dosse, faz uma contextualização da memória através do tempo. Dessa forma, é possível identificar os diferentes enfoques, usos e perspectivas em relação à memóriae trabalhar as diferentes questões que a envolvem, como as "tradições inventadas", do texto de Eric Hobsbawm.

Dosse (2004) retrata, de início, a busca de uma identidade pela corte francesa, ou seja, algo que realmente fosse digno de se ostentar enquanto origem de um povo e legado de uma monarquia. O importante também e perceber a busca pelo direito de ser o interlocutor dessa história a ser escrita e o quanto isso será decisivo na relação entre as instituições e seus pares.

> Aquele que um dia Luís VII qualificou de Pai da Pátria, que foi conselheiro de dois reis e regente da França, é exatamente o abade de Saint-Denis, Sunger, eleito em 1122. Ele está na origem de uma grande mutação na vida monacal, por sua reforma de 1127, marcada pelo selo da austeridade, mas cujo sucesso contribui para a fama e influência de Saint-Dennis a tal ponto que Suger é cada vez mais chamado como conselheiro, para a corte real (DOSSE, 2004, p. 271).

O direito de manter, "resgatar" e "construir" a história dos reis da França também envolve instituições e possibilidades de poder, já que o grupo, no caso a abadia de Saint-Denis, foi responsável pela manutenção da memória do reino, garantindo também a proximidade com os reis e, consequentemente, com o poder.

Mas, segundo Dosse, a disputa não era somente pelo direito de escrever a história da França, mas de escolher qual origem e legado seria eleito em detrimento de outro, levando sempre em conta as pretensões políticas, sociais e ideológicas de seus contemporâneos.

> O mito nacional é atravessado por uma tensão entre os proprietários de origem troiana e aqueles de origem gaulesa da França (DOSSE, 2004, p. 265).

A disputa pela origem do povo francês passava pela herança troiana (que supostamente traria ao povo francês uma origem nobre, gaulesa) e também por versões que envolviam os dois e mais grupos étnicos nas supostas concepções dessaorigem.

A história francesa, segundo Dosse, ocupou-se de relatar o legado dos grandes monarcas, exaltando a glória de uns e o fracasso de outros.

> A perenidade da função real sendo assim reafirmada, as histórias da França deviam fazer passar os reis sob o olhar do tribunal da história, exaltando os bons soberanos para edificar as gerações futuras e destinando aos infernos os maus príncipes. Um certo *número de virtudes servem para praticar discriminações necessárias: a justiça, a coragem, a bondade, a sabedoria ou ainda o amor pelo povo* (DOSSE, 2004, p. 271).

Santo Dias: a construção da memória

A história funcionava como uma espécie de tribunal onde os monarcas deixavam seu legado, o que constituiu a memória da monarquia francesa durante séculos.

Nessa busca pela origem, questões como raça, etnia, religião e cultura contribuíram para a busca de uma identidade nacional, principalmente a partir da Revolução Francesa e da formação do Estado Nação francês. Nesse momento, historiadores da França, como Guizot, foram responsáveis por construir uma "memória nacional", algo que possibilitasse o sentimento de pertença a todos os franceses.

> François Guizot é o artífice da implantação dessa memória nacional, enquanto ministro de Instrução pública, entre 1832 e 1837. Por isso, Guizot pode conjugar sua dupla identidade de historiador e de agente político (DOSSE, 2004, p. 275).

A busca por uma história nacional significava também construir um sentido único para a história. É no século XIX que sentimentos e aspirações nacionalistas começam a encontrar eco em toda a Europa e em outros continentes.

Hinos e bandeiras aparecem como se existissem desde "tempos imemoriais", trazendo consigo todo um aspecto ritual que obedeciaaos mais rígidos protocolos de conduta que todo cidadão deveria respeitar e ter enquanto símbolo da tradição e da pátria.

> Aliás, a maioria das ocasiões em que as pessoas tomam consciência da cidadania como tal permanecem associadas a símbolos e práticas semi-rituais (por exemplo, as eleições), que em sua maior parte são historicamente originais e livremente inventadas: bandeiras, imagens, cerimônias e músicas(HOBSBAWM, 1984, p. 20).

Eric Hobsbawm aborda, em seu trabalho, a invenção das tradições, ou seja, práticas de natureza ritual ou simbólica que são legitimadas pela sua suposta longevidade e simbolismo. Essas tradições foram na verdade inventadas em um passado recente, apropriando-se de legados como costumes, cultura e identidade nacional.

> Por "tradição inventada" entende-se um conjunto de práticas, normalmente reguladas por regras tácita ou abertamente aceitas; tais práticas, de natureza ritual ou simbólica, visam inculcar certos valores e normas de comportamento através da repetição, o que implica, automaticamente, uma continuidade em relação ao passado. Aliás, sempre que possível, tenta-se estabelecer continuidade com um passado histórico apropriado (HOBSBAWM, 1984, p. 9).

Costumes considerados como advindos de longa data, segundo o autor, podem, muitas vezes, ter origem em tradições inventadas, buscando sua legitimação em um "passado glorioso", na herança cultural de povos ancestrais, num mito fundador ou, principalmente, na religião.

Para Hobsbawn, a invenção das tradições também esteve presente nos movimentos revolucionários e progressistas, basta lembrar que o "próprio termo revolução", segundo a autora Hannah Arendt (1990), sai da astronomia para o vocabulário político. Podemos lembrar também a influência da organização partidária quase profissional marxista-leninista nos partidos comunistas do mundo todo a partir da revolução de outubro de 1917.

A memória de Santo Dias e todas as celebrações em torno dela também podem ser consideradas tradições inventadas, na

Santo Dias: a construção da memória

medida em que membros de pastorais, movimentos sociais e companheiros do sindicado a celebram a partir do seu falecimento.

Figura. 1 – Cortejo do enterro de Santo Dias, Praça da Sé, São Paulo[1] (1979).
Foto: Ricardo Alves

A foto acima demonstra a criação de uma "tradição" já no sepultamento de Santos Dias, que reuniu aproximadamente 30 mil pessoas. A criação do mito e da figura do "mártir" da causa operária ocorreu em uma conjuntura bastante conturbada, que envolvia uma enorme mobilização dos trabalhadores, principalmente em relação ao chamado "novo sindicalismo", além do processo de abertura política do Brasil. Santo Dias simboliza tanto os trabalhadores e suas reivindicações como os setores progressistas da Igreja Católica, instituição de grande participação na luta pelos direitos humanos e pela redemocratização do país.

---

1   Fundo Santo Dias. Centro de Documentação e Memória (Cedem) da Universidade Estadual de São Paulo (Unesp).

Figura 2 – O cortejo do corpo do metalúrgico passa em frente ao Largo São Francisco. No primeiro plano, Ubiraci Dantas e, à sua direita, Luiz Inácio da Silva, o Lula, então presidente do Sindicato dos Metalúrgicos de São Bernardo (Foto: Ricardo Alves, 1979)

Santo Dias é considerado um "mártir" do movimento operário em São Paulo, mas é possível refletir sobre "o porquê" desse atributo dado a ele, e não a outras vítimas da ditadura, como o operário Manoel Filho[2,] que morreu nas dependências do DOI-CODI, em São Paulo. É preciso relembrar que Santos Dias estava engajado no sindicato, na Pastoral Operária e nas atividades de sua comunidade. Ele era um membro importante de uma série de movimentos arti-

---

2   TELES, Janaína (org.). *Mortos e desaparecidos políticos: reparação ou impunidade?* *São Paulo: Humanitas – FFLCH/USP, 2000. p. 172-176. (O II Exército comunica: outra morte no DO(...). O Estado de S. Paulo, São Paulo, 20 jan. 1976. Relata a morte de Manoel Fiel Filho nas dependências do DOI-CODI, no dia 17 daquele mês. Descreve sua vida, muito discreta e tranquila, na casa onde morava com sua mulher e família, razão pela qual os vizinhos sabem muito pouco sobre Manoel. Discorre sobre as consequências da morte de Manoel entre os líderes sindicais e políticos. O deputado do MDB de Salvador, Elquisson Soares, comenta, a partir desse caso, sobre a necessidade de pacificação, posto que estes atos de violência são contínuos e indevidamente esclarecidos e que as garantias e os direitos humanos não são meras concessões governamentais, mas uma conquista da civilização. Documento possui registro do arquivo do DOPS.)*

culados pelos setores progressistas da Igreja Católica, sendo esses grupos sociais os principais articuladores de sua memória.

É prática entre os setores progressistas da Igreja Católica na América Latina, principalmente entre aqueles ligados à Teologia da Libertação, atribuir título de mártir a militantes mortos e utilizar sua memória como motivação para novos militantes ou para a causa que defendem. Nesse sentido, Santo Dias tem um legado muito mais próximo desses grupos do que grande parte daqueles que foram também vítimas da repressão da ditadura militar no Brasil.

Figura 3 – Cartaz da Pastoral Operária[3], 2010.

O cartaz da Pastoral Operária acima demonstra um dos principais "ritos" realizados em relação à memória de Santo Dias: todos os anos, os militantes da pastoral retornam em frente à fábrica Sylvania, onde ele foi assassinado, para uma celebração.

---

3   *Fundo Santo Dias. Centro de Documentação e Memória (Cedem) da Universidade Estadual de São Paulo(Unesp)*.

As celebrações em relação à memória de Santo Dias da Silva também se caracterizam enquanto tradições inventadas. São válidas e possuem seu valor, mas,à medida que se apropriam do personagem e agregam a ele ideologias, valores esentimentos e criam uma espécie de ritual de rememoração, acabam por inventar uma tradição que não existia.

Os costumes modificam-se com o tempo, mesmo em sociedades tradicionais, mas, segundo o autor, os novos costumes necessitam de uma justificativa, ou seja, algo que qualifique esse novo costume enquanto tradição, embora esta deva ter um aspecto invariável. Por isso, é no passado que essa nova prática encontra eco e passa assim a fazer parte das tradições do grupo.

> A tradição neste deve ser nitidamente diferenciada do "costume" nas sociedades ditas "tradicionais". O objetivo e a característica das "tradições", inclusive das inventadas, é a invariabilidade. O passado real ou forjado a que elas se referem impõe práticas fixas (normalmente formalizadas), tais como a repetição. O "costume", nas sociedades tradicionais, tem a dupla função de motor e volante (HOBSBAWM, 1984, p. 10).

No caso de Santo Dias, essa prática está presente entre aqueles que ajudam a constituir as tradições, os costumes e sua memória, pois esta é mantida tanto por meio de ritos como de outras linguagens, que se modificam e também direcionam sua rememoração para outras perspectivas.

Santo Dias: a construção da memória

Figura 4 – Amigos e companheiros de Santo Dias celebrando sua memória desde 30 de outubro de 1979, pintando no asfalto a seguinte frase: "Aqui foi assassinado pela polícia militar o operário Santo Dias, às 14h do dia 30 de outubro de 1979"[4]

Além das tradições inventadas, um fenômeno político que se fortaleceu, principalmente no século XIX, é o nacionalismo, uma identidade comum que faz com todos os que pertençam a essa "comunidade imaginada" defendam os valores, a cultura e os interesses de sua nação. A memória coletiva também sofreu através dos tempos forte influência de interesses políticos e ideológicos, o nacionalismo pode ser inserido nessa perspectiva, assim como o seu papel na constituição das memórias coletivas.

No século XIX, durante a formação dos Estados Nacionais na Europa, a história teve um papel importante de construção da identidade nacional. Toda nação tinha que possuir um passado que unificasse o povo e fortalecesse suas raízes enquanto nação.

A história passou então a constituir-se enquanto disciplina, buscando construir um método que a qualificasse enquanto ciência. O alemão Leopoldo Von Ranke, principal expoente da escola

---

4   Fundo Santo Dias. Centro de Documentação e Memória (Cedem) da Universidade Estadual de São Paulo (Unesp).

metódica, propõe uma história oficial, portanto valorizando, sobretudo, os documentos oficiais escritos como fontes confiáveis.

A história política de curta duração que privilegiava o factual e os grandes personagens prevaleceu, principalmente no século XIX, tendo grande repercussão na França.

> Gabriel Monod mostra a via do duplo modelo da história profissional: a Alemanha, capaz de organizar um ensino universitário eficaz, e a tradição erudita francesa, depois dos trabalhos dos beneditinos. Ele considera que é a Alemanha que contribuiu com a maior parte do trabalho histórico de nosso século [...] Pode-se comparar a Alemanha a um vasto laboratório histórico (DOSSE, 2004, p. 39).

Nota-se, na expressão "laboratório histórico", a busca pela cientificidade por parte dos historiadores franceses, buscando inspirar-se na proposta metódica alemã de trabalho. Nesse momento, a história valorizava o fato, o político, enquanto outras ciências, como a antropologia, estavam buscando estabelecer estruturas nas quais os diferentes grupos humanos se encontrariam ou estariam destinados a percorrer em suas sociedades. Nesse caso, o fator histórico pouco importava, principalmente quando eram estudadas comunidades consideradas "primitivas".

O historiador deveria demonstrar total imparcialidade em relação ao objeto, já que pretendia narrar "os fatos exatamente na forma como ocorreram", sendo, nesse sentido, destituído enquanto sujeito histórico de qualquer influência política ou social sobre seu trabalho.

A história, nesse momento, tem o papel de consolidar as identidades nacionais a partir da construção e da identificação da nação com seu passado e sua memória, mas essa perspectiva, em

Santo Dias: a construção da memória

relação à temporalidade, pressupõe um passado "pronto", sem problematizações.

A história apresentava uma proximidade com a memória e a função de preservá-la ou, porque não dizer, de construir uma memória coletiva, um passado comum que também possibilitasse a proposição de expectativas comuns em relação ao futuro.

No início do século XX, com o surgimento da Escola dos Annales, houve uma revisão dos métodos e buscou-se a separação da história factual e a valorização de uma história problema, em que a interdisciplinaridade e a multiplicidade das fontes passou a ser extremamente importante

> A batalha empreendida pelos Anais, por uma história dialética entre o passado e presente, ocorre em duas frentes: de um lado, contra os eruditos confinados à restituição do passado, sem qualquer preocupação com os problemas atuais e de outro, contra os economistas e sociólogos, quando eles têm tendência a ocultar a densidade temporal dos objetos estudados. A especificidade do tempo do historiador é justamente manter-se nessa tensão entre um sentimento de continuidade do presente diante do passadoe o sentimento de um fosso que aumenta e que institui uma descontinuidade entre duas dimensões (DOSSE, 2004, p. 73-74).

Dessa maneira, a história social possibilitava uma abordagem de longa duração, valorizando aspectos da economia, da cultura e das diferentes classes sociais. O fato não deixa de ser importante, mas é no processo histórico que as transformações e rupturas se apresentam.

Com a escola dos Analles, aconteceu um abandono da história política, fato que, segundo Dosse, impossibilitou a reflexão sobre os regimes fascistas que chegaram ao poder no período entre guerras, sendo Marc Bloch vítima da ocupação nazista.

> De fato, eles passaram ao largo do fenômeno fascista, nazista e estalinista, o que faria Marc Bloch afirmar, em uma mal velada autocrítica, em 1940: "Adeptos das ciências do homem ou sábios de laboratórios, talvez fomos desviados da ação individual por uma espécie de fatalismo inerente à prática de nossas disciplinas. Elas nos habituaram a considerar, sobre todas as outras coisas, na sociedade e na natureza, o jogo das forças massivas [...] Isso é interpretar mal a história [...] Preferimos confinar-nos na amedrontada quietude de nossos escritórios [...] Será que fomos bons cidadãos? (DOSSE, 2004, p. 75).

Nesse sentido, Marc Bloch questionou o papel dele e de outros historiadores frente à conjuntura em que viveu e se foram capazes de realmente problematizar o passado com relação à realidade em que viviam.

É necessário refletir mesmo que brevemente sobre a relação entre a história e a memória e suas implicações políticas, institucionais e sociais por meiode alguns de seus principais estudiosos.

Entre os principais estudiosos da memória, alguns estudos tornaram-se clássicos, como os de Bergson, no final do século XIX, e de Maurice Halbwachs, na primeira metade do século XX.

Bergson, em sua obra *Matéria e Memória*, de 1896, buscou romper com o obscurantismo e o reducionismo cientificista. Ele defende a existência de dois tipos diferentes de memória. Uma viria a ser a memória proveniente dos "mecanismos motores do corpo", e a outra advinda das lembranças independentes do corpo físico.

> No diálogo que ele tentou não deixar de manter com as ciências de sua época, Bergson, que procura articular a metafísica com as descobertas mais recentes da ciência, esforça-se por acolher o que aparece de novo sobre o psiquismo humano, evitando toda forma de reducionismo. Quando, em 18 de abril de 1861, o doutor Broca demonstra que um paciente tornar-se afásico na seqüência de um choque que lesara o lado esquerdo de seu cérebro, impõe-se a tese da localização das faculdades linguageiras numa parte do cérebro. "Foi a idade das localizações" [...] Essa tese é uma tendência reducionista exemplificada, no século 18, por La Mettrie, em sua obra sobre *O homem máquina*. (DOSSE, 2004, p. 278).

A obra de Bergson foi importante como início dos estudos sobre a memória, pois rompe, por exemplo, com a perspectiva fisicalista, como a obra do século XVIII *Homem Máquina*, de La Mettrie.

> Quando Bergson dedica-se a escrever *Matéria e memória*, publicada em 1896, sua intervenção situa-se sobre o terreno do diálogo com as ciências para demonstrar em que sentido elas não podem sustentar posições reducionistas. Trata-se de reagir aos trabalhos de ThéoduleRibot, autor de *Doenças da memória*, que considera, em 1881, que as ciências do cérebro demonstram a localização precisa das lembranças. É o confronto com essa tese que conduz Ber-

gsona diferenciar dois tipos de memória. Ele distingue, de fato, uma memória-hábito, que advém da parte sensório-motora do corpo e uma memória-pura, coextensiva da consciência em relação à duração. O dinamismo desta última resulta, segundo Bergson, de uma relativa autonomia em relação a seu suporte corporal (DOSSE 2004, p. 278-279).

De acordo com Ecléa Bosi, Bergson utiliza-se da figura de um cone invertido sobre uma base e, segundo essa metáfora, as lembranças passariam como se fossem num funil, no qual, na base do objeto, estariam as lembranças que viriam ao presente filtradas pela memória.

Para tornar mais evidente a diferença entre o espaço profundo e cumulativo da memória e o espaço raso e pontual da percepção imediata, Bergson imaginou representá-la pela figura de um cone invertido: na base estariam as lembranças que "descem" para o presente, no Vértice estariam os atos perceptuais que se cumprem no plano do presente e deixam passar as lembranças: "Esses dois atos de percepção em lembrança se penetram sempre, trocam sempre alguma coisa de suas substâncias por um fenômeno de endosmose" (DOSSE, 2004, p. 278-279).

A memória é um hábito que se caracteriza, segundo Bergson, pelos atos e repetições do cotidiano, por ações repetidas que ajudariam nas tarefas diárias e mecânicas. Já as memórias ligadas ao sonho e ao devaneio seriam autênticas ressurreições do passado

Santo Dias: a construção da memória

por meio de lembranças isoladas independentes de ações cotidianas que trariam à tona o passado.

> O passado conserva-se e, além de conservar-se, atua no presente, mas não de forma homogênea. De um lado, o corpo guarda esquemas de comportamento de que se vale muitas vezes automaticamente na sua ação sobre as coisas: trata-se da memória-hábito, memória dos mecanismos motores. De outro lado, ocorrem lembranças independentes de quaisquer hábitos: lembranças isoladas, singulares, que constituiriam autênticas ressurreições do passado (BOSI, 2007, p. 48).

Conforme Ecléa Bosi, pode existir dentro dessa perspectiva de Bergson um conflito entre essas duas memórias. Para a autora, a rotina do cotidiano e o utilitarismo do dia a dia deixariam poucos espaços para as experiências de rememoração, e estas estariam restritas a poucos momentos e aos sonhos. Da mesma forma, os "homens sonhadores" sentem extrema dificuldade de se adaptar aos hábitos de socialização;enquanto ao homem da açãorestaria apenas o sono como espaço para a ação e a experiência do inconsciente.

> A análise do cotidiano mostra que a relação entre essas duas formas de memória é, não raro, conflitiva. Na medida em que a vida psicológica entra na bitola dos hábitos, e move-se para a ação e para os conhecimentos úteis ao trabalho social, restaria pouca margem para o devaneio para onde flui a evocação espontânea das imagens, posta entre a vigília e o sonho.

> O contrário também é verdadeiro. O so-
> nhador resiste ao enquadramento nos há-
> bitos, que é peculiar ao homem de ação.
> Este, por sua vez, só relaxa os fios da tensão
> quando vencido pelo cansaço e pelo sono
> (BOSI, 2007, p. 48).

Ecléa Bosi expõe em seu trabalho uma das principais rupturas de Bergson com os estudos da memória mecanicistas que procuravam localizar dentro do cérebro a memória.

Bergson atribui à memória a liberdade e a espontaneidade
espiritual. Para o autor, todo o passado estaria conservado integral-
mente no espírito, mas sua existência seria de forma inconsciente.

> O convívio de inconsciente e consciente
> é ora tenso, ora distenso. Tenso quando a
> percepção-para-a-ação domina o comport-
> tamento. Distenso, no caso de o passado
> alagar o presente: "O espírito humano pres-
> siona sem parar, com a fatalidade da memó-
> ria, contra a porta que o corpo lhe vai entre-
> abrir: daí os jogos da fantasia e o trabalho
> da imaginação, liberdades que toma com a
> natureza. O que não impede de reconhecer
> que a orientação de nossa consciência para
> a ação parece ser a lei fundamental da vida
> psicológica" (BOSI, 2007, p. 49).

Essa tese é o eixo principal da obra *Matéria e Memória*, de
Bergson. Para o autor, existe um convívio entre consciente e inconsciente que é regido por conflito e ausência.

Dentro dos estudos da memória, destaca-se Maurice Halbwachs, estudioso de tradição dasociologia francesa e um dos principais "herdeiros" de Émile Durkheim, um dos fundadores da sociologia e também um dos principais interlocutores do positivismo.

Ele estuda a memória não a partir do indivíduo e sim da sociedade. Para Halbwachs, a memória é produzida socialmente.

> Para entender o universo de preocupações de Halbwachs é preciso situá-lo na tradição da sociologia francesa, de que é um herdeiro admirável. Halbwachs prolonga os estudos de Émile Durkheim que levaram à pesquisa de campo as hipóteses de August Comte sobre a precedência do "fato social" e do "sistema social"sobre fenômenos de ordem psicológica, individual (BOSI, 2007, p. 53).

O autor analisa a memória como fenômeno social diferentemente de Bergson, para o qual a memória adquiriu um aspecto subjetivo.

> No estudo de Bergson defrontam-se, portanto, a subjetividade pura (o espírito) e a pura exterioridade (a matéria). À primeira filia-se a memória; à segunda, a percepção. Não há, no texto de Bergson, uma tematização dos sujeitos que lembram, nem das relações entre os sujeitos e as coisas lembradas; como estão ausentes os nexos interpessoais, falta rigor, um tratamentoda memória como fenômeno social. Nada como um sociólogo para se prepor a preencher esse vazio. Fazendo-o, acaba modificando, quando não rejeitando, os resultados a que chegara a especulação de Bergson. Halbwachs desdobra e em vários momentos refina a definição de seu mestre, Émile Durkheim: "Os fatos sociais consistem em modos de agir, pensar e

Carlos Alberto Nogueira Diniz

sentir, exteriores ao indivíduo e dotados de um poder coercitivo pelo qual se lhe impõem". (BOSI, 2007, p. 54).

Para Halbwachs, a memória é produzida socialmente através da relação dos indivíduos com a sociedade. Ela é resultado de interações com pessoas e relações com o presente, portanto é produzida por um indivíduo a partir do contato social e de forma coletiva.

> A memória individual, construída a partir das referências e lembranças próprias do grupo, refere-se, portanto, a "um ponto de vista sobre a memória coletiva". Olhar este que deve sempre ser analisado considerando-se o lugar ocupado pelo sujeito no interior do grupo e das relações mantidas com outros meios (HALBWACHS, 2004, p. 55).

Os contatos e as relações sociais estabelecidos durante a vida são decisivos na construção da memória de um indivíduo. Sendo assim, a lembrança bergsoniana, segundo a interpretação de Ecléa Bosi da teoria de Halbwachs, somente seria possível se um adulto mantivesse os mesmos hábitos, representações e costumes da infância.

> A memória individual não está isolada. Freqüentemente, toma como referência pontos externos ao sujeito. O suporte em que se apóia a memória individual encontra-se relacionado às percepções produzidas pela memória coletiva e pela memória histórica (HALBWACHS, 2004, p. 57).

Segundo Halbwachs, a memória se diferencia da história oficial e é ao mesmo tempo influenciada por esta e pela memória coletiva. A memória do Santo Dias visto como operário ou

Santo Dias: a construção da memória

mártiré parte da memória e influenciada pela historiografia e pela memória coletiva.

> Tal sentimento de persuasão é o que garante, de certa forma, a coesão no grupo, esta unidade coletiva, concebida pelo pensador como o espaço de conflitos e influências entre uns e outros (HALBWACHS, 2004, p. 51).

Portanto, a memória é construída também a partir das experiências concretas dos indivíduos e, portanto,é produzida a partir do coletivo. Halbwachs, em seu texto, busca sempre distinguir a memória coletiva e a história, mas é preciso salientar que a concepção de história até aquele momento consistia em uma história nacional e dos grandes personagens, que excluía a memória e o papel da história das classes populares.

A autora Eliza Barchega Casadei propõe de maneira pertinente, por meio de um artigo, uma discussão entre Halbwachs e Marc Bloch a respeito do conceito de memória coletiva, e os dois pontos principais da discussão são a maneira com que Halbwachs observa a transmissão das lembranças e a divisão que faz entre memória coletiva e história.

A autora cita uma resenha de *Les Cadres* feita em 1925 por Bloch sobre a obra de Halbwachs, na qual teria feito elogios ao trabalho deste, mas não deixado de tecer críticas ao seu livro.

> Em sua resenha sobre *Les Cadres* feita em dezembro de 1925 para *Revue de Synthèse*, Marc Bloch elogia o trabalho de Halbwachs, apresentando-a como uma "obra extremamente rica e sugestiva" para os estudos históricos. Não obstante isso, o historiador tece uma série de críticas ao livro que, de certa forma, marca um ponto de partida so-

bre as depurações que teóricos posteriores dariam em torno desta temática (CASADEI, 2010, p. 156).

É preciso entender que a concepção de história que Halbwachs tinha ao produzir sua obra *A Memória Coletiva* era ligada ao historicismo do século XIX, já que as novas perspectivas de Bloch quanto a uma "história problema" ainda não estavam em voga. As críticas de Bloch ao trabalho de Halbwachs são quanto a pelo menos parte do fenômeno entendido por ele como memória coletiva.

Para o autor, parte do que é definido como memória coletiva se caracteriza como "fatos de comunicação entre indivíduos", já que vários fatores influenciam na transmissão da memória, como a diferença entre as gerações, as distorções ou mesmo os problemas de comunicação entre os indivíduos.

> Para entendermos a crítica de Bloch, é necessário sublinhar que, para ele, pelo menos uma parte dos fenômenos que são chamados de memória coletiva é, na verdade, "fatos da comunicação entre indivíduos". Isso porque "para que umgrupo social cuja duração ultrapassa uma vida humana se lembre não basta que os diversos membros que o compõem em um dado momento conservem no espírito as representações que dizem respeito ao passado do grupo". Antes de qualquer coisa,"é também necessário que os membros mais velhos cuidem de transmitir essas representações aos mais jovens" (CASADEI, 2010, p. 156).

Outra crítica de Bloch, segundo Casadei, é quanto à aproximação que Halbwachs faz entre memória individual e coletiva em contraponto à memória histórica, caracterizada como superficial e resumida.

> A história, para Halbwachs, é entendida como a representação de um passado "sob uma forma resumida e esquemática", como "o epitáfio dos fatos de outrora, tão curto, geral e pobre de sentido como a maioria das inscrições que lemos sobre os túmulos. A história parece um cemitério em que o espaço é medido e onde a cada instante é preciso encontrar lugar para novas sepulturas". Essas informações frias da História só adquirirão um sentido mais denso se puderem ser correlacionadas a alguma vivência pessoal da própria pessoa ou de seu grupo mais imediato ligado pelos vínculos entre gerações. É somente através do vínculo geracional que se pode efetuar a transição entre a memória aprendida e a memória vivida (CASADEI, 2010, p. 157).

Para Bloch, tanto a memória quanto a história estão condicionadas ao presente e, portanto, não é possível que a primeira, assim como a segunda, tenham a possibilidade de reconstruir o passado como um todo.

A concepção de história de Bloch é justamente uma ruptura com a historiografia factual e o historicismo do século XIX, que é justamente o conceito que Halbwachs tinha da história.

O passado, segundo Bloch, não é algo acabado, e sim um "conjunto vivo" de representações. Para o autor, deve haver uma troca incessante entre o presente e o passado para que exista uma melhor compreensão de ambos. Segundo Casadei, a distinção entre história e memória de Halbwachs perde o sentido, pois ambas as representações do passado estão condicionadas ao presente.

> E isso porque o passado se apresenta como um conjunto vivo de representações, que podem mudar tão incessantemente quanto o presente: "essa solidariedade das épocas tem força que entre elas os vínculos de inteligibilidade são verdadeiramente de sentido duplo". E assim, se "a incompreensão do presente nasce fatalmente da ignorância do passado", também "talvez não seja menos vão esgotar-se em compreender o passado se nada se sabe sobre o presente" (BLOCH, 1998, p. 65).

De acordo com Casadei, Michael Pollak ressaltou a violência simbólica presente nas memórias coletivas, questão não trabalhada por Halbwachs que, pelo contrário, concebia a memória enquanto fator de coesão entre um grupo. No contexto do século XIX, a nação era o modelo ideal de um grupo.

> na tradição européia do século XIX, em Halbwachs, inclusive, a nação é a forma mais acabada de um grupo, e a memória nacional, a forma mais completa de uma memória coletiva (CASADEI, 2010, p. 160).

Nesse sentido, Pollak aponta o aspecto subversivo das memórias subterrâneas que, em meio ao seu silêncio, acabam vindo à tona em momentos de crise e ruptura.

> Por outro lado, essas memórias subterrâneas que prosseguem seu trabalho de subversão no silêncio e de maneira quase imperceptível afloram em momentos de crise em sobressaltos bruscos e exacerbados. A memória entra em disputa. Os objetos de pesquisa são escolhidos de preferência onde

Santo Dias: a construção da memória

existe conflito e competição entre memórias concorrentes (POLLAK, 1989, p. 4).

Uma questão que se apresenta é considerar a memória de Santo Dias como subterrânea ou não. Do ponto de vista institucional, a memória de Santo Dias encontra uma representação considerável e está presente em praças, escolas, comunidades, instituições relacionadas aos direitos humanos, prêmios e lugares. Mas, mesmo com todos esses espaços, abordo a memória de Santo Dias como uma memória "subterrânea", pois é preciso salientar que os principais grupos sociais e políticos que o próprio Santo Dias fez parte e que ajudam a manter e construir sua memória, e que nela encontram motivações para suas causas, ainda são perseguidos. Portanto, a memória de Santo Dias, por mais que possua espaços de exposição, representa um legado de luta social e de mobilização daqueles que estão excluídos da cidadania e do acesso aos serviços básicos. Rememorar Santo Dias é também trazer à tona um fragmento de luta, de resistência de trabalhadores que até hoje se encontram nas periferias de São Paulo.

A memória e a história são representações do passado e ambas estão ligadas ao presente e têm, portanto, implicações no presente. A disputa pela memória também se traduz em um luta política e ideológica, que pode ser travada pelo historiador mesmo que não seja essa sua intenção.

O historiador não é um elemento exógeno a sociedade, portanto, qualquer que seja sua postura, tem influências do meio social, ideológico, cultural e político em que está inserido. A busca por uma "ingênua neutralidade" pode muitas vezes levá-lo a uma perspectiva utilitarista e questionável quanto ao papel do social do historiador na sociedade atual.

Nas sociedades atuais, a questão da memória vem sendo uma problemática constante das ciências humanas e biológicas. Em relação à história, são crescentes os números de acervos, arquivose sistemas de informação que trazem e são responsáveis por registrar as representações mnemônicas e rememorativas das sociedades.

> Muito esforço, em vez disso, tem sido ainda dedicado a estabelecer fronteiras entre a História e a memória, o que só tem sentido não do ponto de epistemológico, mas tomando-se a memória (e as diversas práticas de seu contexto) como objetos da análise e do entendimento do historiador. Em suma, já seria sem tempo e tem havido apelos nesse sentido de começar a fazer uma *História da memória*, que seria não apenas a história das teorias sobre a memória, mas que se imbricasse nas práticas e representações mnemônicas e rememorativas das sociedades e grupos, incluindo seus suportes e estratégias de apropriação, tendências, móveis, conflitos, efeitos, reciclagens, etc. (MENESES, 1999, p. 11).

Segundo Meneses, tem havido um esforço para estabelecer uma separação entre a história e a memória, portanto, surge a possibilidade de constituir-se uma história da memória, suas construções e apropriações, e não apenas restringir-se à análise das teorias da memória. Fazer uma história da memóriaserá o meu objetivo neste trabalho, ou seja, analisar a construção da memória do operário Santo Dias da Silva.

O objetivo de uma história da memória não é legitimar memórias perdidas, mas analisar e problematizar a construção destas. Segundo Meneses, a busca da identidade e de reivindicações por meio da memória tem levado cada vez mais especialistas a se dedicarem ao tema.

A historiografia, mesmo contribuindo para construção dessa história da memória, também exerce o papel muitas vezes de des-

Santo Dias: a construção da memória

construção da memória estabelecida, principalmente aquela constituída segundo os interesses de grupos dominantes.

É preciso lembrar que também não se trata de exaltar a memória dos dominados em contraposição à perspectiva dominante, ou de procurar "a verdade a partir dos vencidos", pois os discursos, mesmo os dos vencidos, também contêm construções, lacunas e silêncios, e cabe ao historiador dialogar com esses vários discursos.

Ao analisar a construção da memória de Santo Dias, não pretendo exaltá-lo enquanto "herói da classe operária" em contraposição aos personagens que costumam figurar enquanto protagonistas do processo de redemocratização e luta contra a ditadura no Brasil, mas perceber, a partir dos fragmentos que constituem suamemória, silêncios, lacunas e construções que ajudam a compreender parte importante da participação popular na resistência e difusão de espaços alternativos de democracia e organização social.

A memória pode servir para diversas finalidades, entre elas, para legitimar ações políticas do presente, a busca de identidades, inventar e destruir tradições. A história, que na mitologia greco-romana é representada por Clio, uma das nove musas filhas da deusa Mnemosine (Memória), busca em suas diversas tendências e propostas participar dessa inquietante batalha pela memória.

Analisar a construção da memória de Santos Dias significa dialogar também com parte da memória do movimento sindical e social brasileiro e sua importância no processo de redemocratização do Brasil.

A manutenção e as agregações de elementos sobre esse personagem também refletem anseios políticos, enfim, propostas de novas lutas dentro dos dinamismos e inquietações presentes na sociedade. Propor uma abordagem sobre a memória do operário Santo Dias da Silva é também trazer para a atualidade questões que nortearam sua luta e também inquietam aqueles que se encontram nas "fileiras" da luta contra a desigualdade, a exclusão e a exploração, ainda tão presentes na sociedade brasileira atual.

Pode-se, através dos fragmentos de registros de sua vida simples, encontrar peculiaridades e sutilezas do seu cotidiano que, mesmo pequenas, revelam aspectos brutais e desumanos que encontraram eco em grande parte da vida dos trabalhadores brasileiros.

No caso do operário Santo Dias, a sua memória, presente em documentos escritos durante sua vida, não é numerosa, considerando que vivia em uma realidade em que a dificuldade de sobreviver e conseguir satisfazer as necessidades básicas de sua família era grande, portanto, diferentemente de intelectuais ou grandes personalidades, a memória escrita de Santo Dias durante o período em que estava vivo resume-se a correspondências, alguns documentos e entrevistas. Após sua morte, existem vários relatos, textos e composições que ajudam a constituir a memória de Santo Dias.

Figura 5 – Celebração em memória de Santo Dias, início dos anos 1980[5]

A memória de Santo Dias foi construída por meio das relações sociais e políticas que ele estabeleceu durante sua vida, mas o seu uso, seja como inspiração ou homenagem, está carregado

---

5   Fundo Santo Dias. Centro de Documentação e Memória (Cedem) da Universidade Estadual de São Paulo (Unesp).

Santo Dias: a construção da memória

também de apropriações e de idealizações da figura do operário. Sua memória passa, portanto, a não somente pertencer a seus familiares e amigos, mas a todos aqueles que buscam em sua lembrança motivações e representações políticas que estejam ligadas às causas sociais dos pobres trabalhadores do campo e das periferias das grandes cidades.

Poucas situações são tão eficazes quanto o martírio para unir pessoas, basta lembrar os jovens suicidas no Oriente Médio. Para Michael Pollak, é necessário trazer à tona memórias que estavam encobertas e com isso estabelecer uma luta entre as memórias oficiais e as memórias subterrâneas do silêncio.

> Não se trata de historicizar memórias que já deixaram de existir, e sim, trazer à superfície memórias "que prosseguem seu trabalho de subversão no silêncio e de maneira quase imperceptível" e que "afloram em momentos de crise em sobressaltos bruscos e exacerbados" (POLLAK, 1989, p. 3).

A história oral, por exemplo, pode, através dos momentos de silêncio e das lacunas, encontrar memórias que, por diversos motivos, estão escondidas nas falas e nos discursos. Problematizar essas memórias e perceber a forma como foram construídas pode ajudar o historiador a romper com os discursos comuns e que muitas vezes relegam a segundo plano práticas políticas e de autonomia de trabalhadores como Santo Dias, que como outros grupos são marginalizados pela história oficial ou vistos como meros autômatos.

> Mais do que isso, o que a emergência destas memórias vêm ocasionando, conforme aponta Pollak, é a disputa entre memórias ou a luta entre a memória oficial e as memórias subterrâneas. Este embate que se trava pela incorporação destas memórias

> marginalizadas, silenciadas, é um embate pela afirmação, sobretudo, de uma identidade que, por pertencer a uma minoria, encontra-se marginalizada (POLLAK, 1989, p. 4).

Michel Pollak, em seu texto *Memória, Esquecimento e Silêncio*, fala sobre o trauma dos dissidentes e perseguidos políticos durante o período do stalinismo na União Soviética e de como os ressentimentos causados pelas décadas de repressão e silêncio fizeram emergir a memória subterrânea dessas pessoas e suas reflexões a respeito do passado.

> Essa memória "proibida" e portanto "clandestina"ocupa toda a cena cultural, o setor editorial, os meios de comunicação, o cinema e a pintura, comprovando, caso seja necessário, o fosso que separa de fato a sociedade civil e a ideologia oficial de um partido e de um Estado que pretende a dominação hegemônica. Uma vez rompido o tabu, uma vez que as memórias subterrâneas conseguem invadir o espaço público, reivindicações múltiplas e dificilmente previsíveis se acoplam a essa disputa da memória, no caso, as reivindicações das diferentes nacionalidades. Este exemplo mostra a necessidade, para os dirigentes, de associar uma profunda mudança política a uma revisão (auto)crítica do passado (POLLAK, 1989, p. 5).

No caso de Santo Dias, sua memória representa também a problematização da história recente do Brasil, e tem como consequência o aparecimento de novas vozes que foram silenciadas pelo regime militar. É preciso lembrar que, na disputa pela memória, visões

Santo Dias: a construção da memória

de cunho "maniqueísta" devem ser interpretadas dentro de um jogo político e ideológico que também caracteriza a memória coletiva.

> Ele remete igualmente aos riscos inerentes a essa revisão, na medida em que os dominantes não podem jamais controlar perfeitamente até onde levarão as reivindicações que se formam ao mesmo tempo em que caem os tabus conservados pela memória oficial anterior. Este exemplo mostra também a sobrevivência durante dezenas de anos, de lembranças traumatizantes, lembranças que esperam o momento propício para serem expressas. A despeito da importante doutrinação ideológica, essas lembranças durante tanto tempo confinadas ao silêncio e transmitidas de uma geração a outra oralmente, e não através de publicações, permanecem vivas. O longo silêncio sobre o passado, longe de conduzir ao esquecimento, é a resistência que uma sociedade civil impotente opõe ao excesso de discursos oficiais. Ao mesmo tempo, ela transmite cuidadosamente as lembranças dissidentes nas redes familiares e de amizades, esperando a hora da verdade e da redistribuição das cartas políticas e ideológicas (POLLAK, 1989, p. 5).

Portanto, é necessário estar atento ao contato com as fontes e relatos que constituem a memória de Santo Dias, não em relação à sua legitimidade, mas no que se refere aos variados discursos que a compõe.

> A fronteira entre o dizível e o indizível, o confessável e o inconfessável, separa, em

> nossos exemplos, uma memória coletiva subterrânea da sociedade civil dominada ou de grupos específicos, de uma memória coletiva organizada que resume a imagem que uma sociedade majoritária ou o Estado desejam passar e impor.
>
> Distinguir entre conjunturas favoráveis ou desfavoráveis às memórias marginalizadas é de saída reconhecer a que ponto o presente colore o passado. Conforme as circunstâncias, ocorre a emergência de certas lembranças, a ênfase é dada a um ou outro aspecto. Sobretudo a lembrança de guerras ou de grandes convulsões internas remete sempre ao presente, deformando e reinterpretando o passado (POLLAK, 1989, p. 6).

A memória, segundo Michael Pollak, não deve ser estudada enquanto uma coisa, pois é preciso entender como se tornou uma coisa. Analisar os discursos e as relações estabelecidas entre os atores sociais envolvidos é extremamente importante para o estudo da memória.

A memória de Santo Dias, durante essas quase três décadas de sua morte, está sempre ligada à luta dos movimentos sociais e sindicais dos trabalhadores. A prática de sua rememoração consiste também em uma pratica política de rememoração de seu legado.

> A história é objeto de uma construção cujo lugar não é homogêneo e vazio, mas um tempo saturado de ágoras (BENJAMIN, 1994, p. 229).

Walter Benjamin precisou de uma profunda influência do presente na construção do conhecimento histórico. O ato de reconstrução e de rememoração daquilo que estava perdido ou da-

Santo Dias: a construção da memória

queles que foram derrotados consiste também em uma ação política no presente. A partir dessa ruptura consegue-se promover novas reflexões sobre a realidade presente.

A autora Jeanne Marie Gagnebin trabalha a questão da memória a partir da experiência, utilizando justamente a perspectivade rememoração de Walter Benjamin e a própria experiência do autor em relação ao trauma diante do contexto da ocupação nazista, o que o levou ao suicídio.

> Esse narrador sucateiro (o historiador também é um Lumpensammler) não tem por alvo recolher os grandes feitos. Deve muito mais apanhar tudo aquilo que é deixado de lado como algo que não tem significação, algo que parece não ter nem importância nem sentido, algo com que a história oficial não saiba o que fazer (GAGNEBIN, 2004, p. 1990).

Muitos dos que contribuíram com os documentos e a manutenção da memória de Santo Dias da Silva também partilharam da experiência de luta, de repressão, de privações que motivaram sua vida e posteriormente a construção de sua memória. A celebração de sua memória enquanto líder sindical e comunitário acontece até os dias atuais e em linguagens diversas, todas elas exaltando a luta e o compromisso de Santo Dias com os direitos humanos e as causas populares.

CAPÍTULO II
SANTO DIAS, O OPERÁRIO

E o operário ouviu a voz
De todos os seus irmãos
Os seus irmãos que morreram
Por outros que viverão
Uma esperança sincera
Cresceu no seu coração
E dentro da tarde mansa
Agigantou-se a razão
De um homem pobre e esquecido
Razão porém que fizera
Em operário construído
O operário em construção[1]

---

1   Poema *"Operário em Construção"*, de Vinicius de Moraes, 1956.

MEMÓRIA E EXPERIÊNCIA DE UM OPERÁRIO

Para analisar a "construção" da memória de Santo Dias, é necessário partir da experiência biográfica levando em consideração suas convicções políticas, no sentido amplo do termo, que foram silenciadas pela repressão do regime militar instaurado em 1964.

O uso da biografia na história é tão antigo quanto o próprio ofício do historiador. Desde a Antiguidade Clássica, as biografias de ilustres personagens, reis e heróis têm fascinado gerações de leitores e amantes da história. Enquanto gênero literário, já causavam discussões quanto à sua contribuição para a história, já que o paradoxo indivíduo e sociedade é talvez uma das temáticas principais dentro do pensamento ocidental.

Segundo Paziani (2010) Tucídides foi um dos principais críticos da biografia, pois a considerava excessivamente dramática, narrativa e resumida, pouco contribuindo para a história. Já Plutarco valorizou a biografia como forma de entender as particularidades dos homens em vez das generalizações da história oficial.

> Pode-se dizer que desde a Grécia antiga vários foram os pensadores(entre biógrafos, filólogos, filósofos, historiadores etc.) que debateram a biografia como método deapreensão do conhecimento "verdadeiro" e estatuto científico legítimo no interior da historiografia. Tucídides, por exemplo, acusava-a de monográfica, narrativa e dramática; Plutarco, na era cristã, defendia a biografia ou os "sinais da alma" contra as determinações e as generalizações dahistória. O gênero foi retomado no período renascentista italiano através das biografias "anedóticas" e reconsiderado no século XVIII por filósofos como David Hume, para quem a biografia constituía

Santo Dias: a construção da memória

uma possibilidade de entendimento da história, convencido de que as personagens individuais decidiam os rumos da história de uma nação (PAZIANI, 2010, p. 146).

Durante o século XX, historiadores influenciados pela Escola dos Annales e pelo marxismo deixaram a abordagem biográfica em segundo plano. Mas, essas posições estavam ligadas justamente a uma tentativa de ruptura com a história dos grandes personagens e heróis nacionais no século XIX. Aliás, essa era uma das críticas mais recorrentes na Escola dos Annales.

É preciso salientar que a crítica à biografia feita por Febvre e Bloch era em relação à forma heróica e romântica com que alguns historiadores abordavam seus personagens biografados, e não em referência ao gênero em si, já que esses historiadores produziram trabalhos de cunho biográfico, claro que com propostas diferentes.

O quase abandono da biografia em relação aos trabalhos que privilegiavam a história de longa duração e a historiografia quantitativa somente ocorreu com a segunda geração dos Annales, liderada por Braudel.

Na geração de Braudel, que lideroua chamada Escola dos Annales, apósa Segunda Guerra Mundial, a desconfiançaem relação à História do indivíduofoi o contraponto da postura que privilegiouas estruturas e a temporalidade longa, ainda que seu estudo sobre o mundomediterrâneo comportasse a dimensão individual da atuação de Felipe II, e nela constituísse um ponto interessante, o espaço biográfico reservado na obra à duração curta, ao evento, à História que se desenrola em velocidade maior que a das estruturas e conjunturas. Com os avanços da historiografia de base marxista e do estruturalismo na universidade, o gênero biográfico teve seu espaço após a Segunda Guerra Mundial (MALATIAN, 2008, p. 19-20).

Isso ocorreu na academia entre os historiadores profissionais, já que, no mesmo século XX, as biografias de personagens políticos, artistas e outras celebridades fizeram e ainda fazem um grande sucesso, basta lembrar biografias recentes feitas por escritores como Rui Castro[2], que retrataram as vidas do jogador de futebol Garrincha e da cantora Carmem Miranda. As biografias têm atingido o grande público, mas seria melhor se fossem feitas por historiadores, claro que com uma abordagem que fosse além das curiosidades e idealizações.

> Embora apreciada do grande público e dos romancistas, ela suscitou a indiferença e a desconfiança dos historiadores, pois estes consideravam que o relato da vida de um indivíduo não poderia ser objeto de um autêntico trabalho de historiador. Portanto, a inclusão da biografia no campo da história foi uma evolução reveladora das questões inerentes à disciplina (CADIOU, 2007, p. 187).

Depois de quatro décadas (BARROS, 2004, p. 188), os historiadores retomam o gênero biográfico. Carlo Ginzburg, com a obra *O Queijo e os Vermes,* utiliza-se do personagem Menoquio para

---

2   Ruy Castro (Caratinga, 27 de fevereiro de 1948) é um jornalista e escritor brasileiro. Com passagem por importantes veículos da imprensa do Rio e de São Paulo a partir de 1967, e escritor, a partir de 1988. É reconhecido pela produção de biografias como *O Anjo Pornográfico: a vida de Nelson Rodrigues, Estrela Solitária* (sobre Garrincha) e *Carmen* (sobre Carmen Miranda), e de livros de reconstituição histórica, como *Chega de Saudade* (sobre a Bossa nova) e *Ela é Carioca* (sobre o bairro de Ipanema, no Rio).

Santo Dias: a construção da memória

poder analisar e perceber realidades mais amplas; não se trata de analisar simplesmente o indivíduo isolado em si mesmo, nem de fazer dele apenas um sujeito dentro de uma conjuntura social. A partir do moleiro herege, Ginzburg almejou perceber as trocas culturais, ou seja, expressar o conceito de circularidade cultural. Para o historiador Giovanni Levi, a micro-história significa estudar coisas pequenas, mas o objetivo é estudar coisas grandes. Pode-se, assim, estudar uma pequena comunidade, a história de uma pessoa, mas o objetivo é sempre mais amplo.

Houve também o retorno da biografia de figuras ilustres por parte de historiadores como Jacques Le Goff, com a biografia de São Luís e artigos sobre São Francisco e Cristopher Hill, e com a obra *O eleito de Deus*, na qual fala sobre a vida de Cromwell. Hannah Arendt (2008), em sua obra *Homens em tempos sombrios*, relata a vida de homens e mulheresem épocas difíceis, como no período da Alemanha nazista e na ocupação da França, o papado de João XXIII durante a crise dos mísseis entre Estados Unidos e União Soviética e a vida da própria autora, retratada pelo historiador Celso Lafer no posfácio do livro.

Santo Dias também encontrou em sua vida, em meio a situações políticas e sociais adversas, um objetivo para sua existência. Claro que não se trata de um intelectual e muito menos de uma figura ilustre, mas sua vivência e memória se situam num período em que os trabalhadores e os pobres procuravam, a partir de suas próprias bases, construir alternativas de vida, de democracia e participação, mesmo em espaços restritos apenas ao "chão da fábrica ou à paróquia do bairro".

A perspectiva da história política e a biografia de Santo Dias, bem como o contexto no qual está inserida, serão parte desta abordagem. Nesta pesquisa, esses são aspectos que expressem a relação dialética entre indivíduo e sociedade. Reconstituir vidas é retornar ao passado que ainda não findou, pois há que articular o fio da vida do presente com o passado para então surgir o que é memória.

A história não se resume apenas aos grandes homens ou fatos, é preciso estudar a história de uma maneira bem mais ampla, tanto no que diz respeito a uma maior e melhor compreensão das contextualizações e elaboração de trabalhos como no que se refere a uma amplitude de abordagens ilimitada.

O historiador possui a possibilidade de desenvolver trabalhos sobre situações antes consideradas irrelevantes no meio intelectual ortodoxo e, com uma nova abordagem da história, pode fazer com que o personagem de qualquer época, pertencente a qualquer lugar ou classe, seja digno de ser contemplado como parte também presente na historiografia.

A ideologia presente no documento não o invalida, principalmente quando assimilada de forma coerente, pois, assim, aquele que se utilizar dessa fonte poderá se localizar no contexto dos que produziram tal trabalho. Houve casos de documentos descobertos como forjados, mas que mesmo assim não deixaram de ser importantes enquanto abordagem e contextualização histórica.

Antes de tudo, é preciso também ressaltar a relação que o historiador tem com seu objeto, que difere na maioria das vezes da do escritor. Essa relação é pragmática, pretende-se neutra e é engajada. O historiador tem consciência das possibilidades que sua problemática pode trazer à sociedade ou infelizmente não dialoga com estilo e poética literária e muito menos tem qualquer preocupação com o objeto pesquisado, fruto de conveniências de cunho utilitarista e indiferente.

A relação entre o historiador e seu objeto, longe de idealizações, pode ser entendida também como uma experiência histórica, já que o próprio historiador é um sujeito histórico. Nesse sentido, ter como objeto de estudo a construção da memória de um operário é partilhar da experiência histórica desse indivíduo e daqueles que com ele conviveram.

As contradições entre o personagem e as idealizações feitas por aqueles que ajudam a construir sua memória, longe de se-

Santo Dias: a construção da memória

rem entendidas como deturpações ou vícios, devem ser acolhidas e problematizadas em si mesmas como parte da história e de seu contexto. Dentro dessa perspectiva, o estudo apresenta uma relação dialética entre sociedade e indivíduo na medida em que pretende analisar a memória de Santo Dias a partir de sua experiência histórica e do legado constituído pelos movimentos sociais que ajudaram a construir sua memória.

> Esse reconhecimento do caráter potencialmente problemático de uma memória coletiva já anuncia a inversão de perspectiva que marca os trabalhos atuais sobre esse fenômeno. Numa perspectiva construtivista, não se trata mais de lidar com os fatos sociais como coisas, mas de analisar como os fatos sociais se tornam coisas, como e por quem eles são solidificados e dotados de duração e estabilidade. Aplicada à memória coletiva, essa abordagem irá se interessar portanto pelos processos e atores que intervêm no trabalho de constituição e de formalização das memórias (POLLAK, 1989, p. 4).

Estudar a memória de Santo Dias da Silva significa problematizar parte das experiências do personagem como também do contexto em que esteve inserido. Experiências essas que refletem anseios, objetivos e concepções políticas constituídas a partir da luta de trabalhadores na construção de espaços e de práticas democráticas em uma época de autoritarismo e de repressão dos movimentos sociais.

A partir do conceito de experiência de Thompson é possível dialogar com as várias "vozes" que ajudaram a constituir a memória do operário Santo Dias. Entender o processo histórico e de luta desses trabalhadores ajuda a interpretar os discursos, os silêncios e as idealizações em torno da memória de Santo Dias.

Existe, dessa forma, uma proposta de abordagem que possibilita trabalhar com o personagem Santo Dias de forma dialética, relacionando o indivíduo, seu contexto, sua experiência de vida e os discursos constituídos a partir de sua morte.

É da experiência comum desses trabalhadores, de moradores de bairros distantes das periferias de São Paulo, que surgiram as motivações, demandas políticas e sociais que de forma espontânea constituíram-se em novos paradigmas de lutas e de resistência à ditadura no Brasil.

As análises de conjuntura e a atuação no meio da classe operária brasileira feita por vezes em esquemas prontos e dogmáticos, nos quais o trabalhador era considerado um número e ausente de escolhas próprias, mostraram-se ineficazes.

É por meio da autonomia e das práticas comuns dos próprios trabalhadores que se pode entender a formação de sua consciência política e de classe, consciência essa que não está separada do trabalho, do seu contexto social, da sua vivência, da sua história.

A memória de Santo Dias adquiriu com o tempo um caráter político e social, e incorpora elementos que remetem à cultura, a ideais de luta e de resistência degrupos e movimentos sociais (pastorais sociais, associações de bairro, grupos de direitos humanos e partidos de esquerda).

As idealizações sobre Santo Dias também acabam por fomentar expectativas políticas e de mobilização que por vezes vêm sendo derrotadas ou reprimidas. Mesmo com o nome de Santo Dias presente em diversos lugares, como escolas, parques ou instituições, a identificação com o personagem e a manutenção de sua memória é restrita a pequenos grupos, levando-se em consideração a população em geral.

Santo Dias fez parte da classe operária brasileira e vivenciou, junto com seus familiares, as dificuldades, privações e experiências que em grande parte influenciaram suas escolhas políticas e ideológicas. O que pode ser questionado é por que tantos trabalhadores que sofreram ou sofrem as mesmas privações de Santo Dias não se mobilizaram/mobilizam em sindicatos ou associações contestadoras. Mas é preciso lembrar que a classe operária também não pode ser entendida como algo fixo que surgiu de forma determinada, e que todos os operários submetidos a essas mesmas situações teriam as mesmas reações.

> Este livro tem um título um tanto desajeitado, mas adequado ao seu propósito. Fazer-se, porque é um estudo sobre um processo ativo, que se deve tanto à ação humana como aos condicionamentos. A classe operária não surgiu tal como o sol numa hora determinada. Ela estava presente ao seu próprio fazer-se (THOMPSON, 1987, p. 9).

Thompson (1987) concebe a classe operária como uma relação histórica e não ligada a determinismos. Essa relação é constituída historicamente pelos próprios trabalhadores, a produção, a cultura e o contexto histórico em que estão inseridos, portanto a classe operária não surgiu pronta e acabada ou já estava determinada a existir; ela surgiu a partir de relações históricas, já que a própria concepção de classe se constitui enquanto relação.

> Classe, e não classes, por razões cujo exame constitui um dos objetivos deste livro. Evidentemente, há uma diferença. "Classes trabalhadoras" é um termo descritivo, tão esclarecedor quanto evasivo. Reúne vagamente um amontoado de fenômenos descontínuos. Ali estavam alfaiates e acolá

> tecelãos, e juntos constituem as classes trabalhadoras (THOMPSON, 1987, p. 9).

A construção da memória de Santos Dias ocorre dentro de um processo de relações de classe, porque a memória também é constituída a partir das relações humanas, portanto não está isenta dos antagonismos presentes na sociedade capitalista.

Os elementos que constituem a memória de Santo Dias adquirem um significado mais profundo na medida em que são inseridos dentro de uma perspectiva de relações de classe que se constituíram através dos tempos entre grupos e indivíduos que lembram deleou de lugares e comunidades que carregam seu nome. Conhecer o personagem e sua experiência contribui ativamente para entender o processo de formação da memória de Santo Dias, assim como os silêncios, as idealizações e as utilizações políticas de sua memória.

> Por classes, entendo um fenômeno histórico, que unifica uma série de acontecimentos díspares e aparentemente desconectados, tanto na matéria-prima da experiência como na consciência. Ressalto que é um fenômeno histórico. Não vejo a classe como uma "estrutura", nem mesmo como uma "categoria", mas como algo que ocorre efetivamente (e cuja ocorrência pode ser demonstrada) nas relações humanas (THOMPSON, 1987, p. 9).

Portanto, a memória como "fruto" das relações humanas também se transforma em meio à experiência dos autores sociais que a constituem e, assim como a história, traz sempre consigo um "poucodo presente".

> Ademais, a noção de classe traz consigo a noção de relação histórica. Como qualquer outra relação, é algo fluido que escapa à análise ao tentarmos imobilizá-la num dado momento e dissecar sua estrutura. A mais fina rede sociológica não consegue nos oferecer um exemplar puro de classe, como tampouco um do amor da submissão. A relação precisa estar sempre encarnada em pessoas e contextos reais. Além disso, não podemos ter duas classes distintas, cada qual com um ser independente, colocando-as a seguir em relação recíproca (THOMPSON, 1987, p. 10).

Thompson concebe classe como uma relação histórica e que não pode ser enquadrada como uma "peça" que ajude a compor um arcabouço teórico, enfim, por se tratar de uma relação histórica, é composta por pessoas e situações reais que impossibilitam qualquer análise antecipada.

Por ser uma relação histórica, a classe operária não existe por si só, pois está também relacionada a outras classes que com ela estabelecem as condições e as diferenças de interesses dentro do meio social. Portanto, a memória de um operário não é constituída somente por pessoas da mesma classe social, mas é parte dessa relação conflituosa que se estabelece dentro da sociedade.

Santo Dias e seus companheiros de sindicato, por diferentes razões, desenvolveram um olhar crítico diante da situação política e social na qual se encontravam, mas o que os unia não era uma consciência de classe transcendente, e sim as relações estabelecidas que os constituíam enquanto classe trabalhadora.

> A classe acontece quando alguns homens, como resultado de experiências comuns (herdadas ou partilhadas), sentem e arti-

> culam a identidade de seus interesses entre si, e contra outros homens cujos interesses diferem (e geralmente se opõem) dos seus. A experiência de classe é determinada, em grande medida, pelas relações de produção em que os homens nascerem ou entraram involuntariamente. A consciência de classe é a forma como essas experiências são tratadas em termos culturais: encarnadas em tradições, sistemas de valores, idéias e formas institucionais (THOMPSON, 1987, p. 10).

Thompson define classe como resultado das experiências comuns de homens que são colocados dentro de uma lógica e com interesses distintos de outros homens. Já a experiência desses homens sim, é condicionada pela classe em que nasceram, mas a consciência de classe, segundo Thompson, não está condicionada.

A consciência de classe não surge da mesma forma. Os trabalhadores, por exemplo, tomam consciência da classe de diferentes formas e em distintas situações, por isso não é possível prever a ação dos vários grupos que compõem a sociedade, porque cada qual reage de forma inesperada.

A memória de Santo Dias é constituída em meio aos vários antagonismos de classe e de interesse que existem até os dias atuais na sociedade brasileira. Os lugares da memória, os discursos e o esquecimento constituem esse legado.

> Evidentemente, a questão é como o indivíduo veio a ocupar esse "papel social" e como a organização social específica (com seus direitos de propriedade e estrutura de autoridade) aí chegou. Essas são questões históricas. Se detemos a história num determinado ponto, não há classes, mas simplesmente uma multidão de indivíduos

com um amontoado de experiências. Mas se examinarmos esses homens durante um período adequado de mudanças sociais, observarmos padrões em suas relações, suas instituições. A classe é definida pelos homens enquanto vivem sua própria história e ao final, esta é sua única definição (THOMPSON, 1987, p. 11).

O processo de redemocratização brasileiro, geralmente associado à atuação de intelectuais e políticos que resistiram à repressão da ditadura no Brasil ou no exílio, encontra nos movimentos de bairro, nas Comunidades Eclesiais de Base, nas pastorais sociais, nos sindicatos talvez os protagonistas mais importantes desse processo. Estudar a memória de Santo Dias é, ao mesmo tempo, também dar voz a esses homens que partilharam dessa história.

Analisar a construção da memória de Santos Dias significa resgatar parte da memória do movimento sindical e social brasileiro e sua importância no processo de redemocratização do Brasil. A manutenção e as agregações de elementos sobre esse personagem refletem anseios políticos, enfim, propostas de novas lutas dentro dos dinamismos e inquietações presentes na sociedade.

Propor uma abordagem sobre a memória do operário Santo Dias da Silva é também trazer para a atualidade questões que nortearam sua luta e também inquietam aqueles que se encontram nas "fileiras" da luta contra a desigualdade, a exclusão e a exploração ainda tão presentes na sociedade brasileira atual.

Pode-se, através dos fragmentos de registros de sua vida simples, encontrar peculiaridades e sutilezas do seu cotidiano que mesmo pequenas revelam aspectos brutais e desumanos que encontraram eco em grande parte da vida dos trabalhadores brasileiros.

Há uma tese de que os vencedores escrevem sua própria história e também a de que a dos vencidos tem por objetivo construir imagens e representações, tanto para glorificar os feitos de alguns quanto para ocultar aspectos da ação e da vida de outros que foram submetidos ao silêncio eterno da morte. Mas a história não pode se prestar a essa tarefa de esconder os vencidos e os mortos que resistiram historicamente.

Bosi (1994) fala sobre a ruptura das relações e realizações humanas geradas pela sociedade industrial capitalista, consequentemente, sobre o esquecimento e o anonimato dos trabalhadores:

> Quando as mudanças históricas se aceleram e a sociedade extrai sua energia da divisão de classes, criando uma série de rupturas nas relações entre os homens e na relação dos homens com a natureza, todo sentimento de continuidade é arrancado de nosso trabalho. Destruirão amanhã o que construirmos hoje (BOSI, 1994, p. 77).

A história não pode ser feita com sentido permanente e único; ela é múltipla e descontínua, portanto, é possível retomá-la lá onde esteve suspensa e conforme o sentido construído pelos vencedores.

O objetivo deste trabalho é o de construir, dentro dos limites possíveis, o sentido histórico de um personagem social que se envolveu num movimento em torno de lutas sociais coletivas numa sociedade marcada por ausência de direitos e liberdades.

Santo Dias da Silva nasceu em Terra Roxa, na fazenda Paraíso, localizada no interior de São Paulo, em 22 de fevereiro de 1942. Dentre sete irmãos, ele era o filho mais velho. Seus pais eram Jesus Dias da Silva e Laura Vieira, ambos lavradores que trabalhavam como meeiros na produção de café e grãos.[3]

> O sistema de arrendamento e parceria ou meação tomava várias formas na região de

---

3   DIAS, Luciana; AZEVEDO, Jô & BENEDICTO, Nair. *Santo Dias: quando o passado se transforma em história*. São Paulo, Cortez, 2004, p. 18.

> Mas muita gente comia a comida com ódio, porque era muita exploração".[5]

A vida da família de Santo Dias era muito difícil, como já foi dito, ele era o mais velho dos oitos filhos e desde cedo teve que trabalhar para ajudar no sustento da casa. A renda era pouca e as condições de vida miseráveis como as de muitos trabalhadores da época.

> Depois, vieram Maria Aparecida, Sebastião, Zeca, Nair, Benedito, Lourdes e Laércio. Jesus, o pai, era um homem paciencioso com os filhos, gostava de conversar e dar conselhos, sem ralhar ou alterar a voz. Sabia fazer muita coisa e com capricho, uma característica dos trabalhadores rurais da região, que se valem de inúmeros recursos para complementar sua minguada renda. Já no fim da vida, ainda fazia maços de palha de milho para cigarro de fumo de rolo e vassouras com palha de arroz, para complementar a ínfima pensão de trabalhador rural. Dona Laura, além de costurar, até hoje cria galinhas no quintal: a venda de ovos é forma de obter um dinheiro a mais.[6]

A vida de Jesus, pai de Santo Dias, era sofrida. Ele levantava de madrugada para preparar o café para os filhos, que estudavam em uma escola que ficava em outra fazenda. As crianças, após o trabalho na lavoura, almoçavam e caminhavam longas distâncias para chegar até a escola.

Não havia separação de séries, todos estudavam juntos, a professora tinha que ao mesmo tempo cuidar da limpeza da escola,

---

5   *Idem*, p. 22

6   DIAS, Luciana; AZEVEDO, Jô & BENEDICTO, Nair. *Santo Dias: quando o passado se transforma em história*. São Paulo, Cortez, 2004, p. 24.

Santo Dias: a construção da memória 75

da alimentação das crianças e lecionar o conteúdo, além do fato de as crianças já chegarem cansadas à escola, pois a maioria trabalhava na lavoura para ajudar seus pais.

Santo Dias estudou até o 4ª ano primário, sabendoler e escrever, algo raro entre os trabalhadores rurais do início da década de 1960. Desde jovem teve que ajudar seus pais no sustento da família, sendo um trabalhador preparado que desempenhava funções de mecânico na fazenda.

Embora tivesse uma situação de trabalho melhor que a da maioria dos trabalhadores da fazenda Paraíso, a condição de vida de Santo Dias e de sua família era de constante dificuldade e penúria. Dona Laura, mãe de Santo, dizia:

> As roupas das crianças a gente fazia de saco de farinha alvejado e depois tingia. Não tinha dinheiro pra comprar tecido. E as roupas tinham de durar: a gente cerzia até não poder mais. Uma vez, o Santo rasgou a única camisa que tinha, que já estava muito puída. Peguei a toalha de mesa, que era de saco também, para fazer outra camisa, pois não tinha com o que comprar um pedaço de pano.[7]

Em 1961, Santo Dias, depois de se envolver na luta por direitos trabalhistas e melhores condições de trabalho na fazenda em que trabalhava, foi expulso das terras junto com toda sua família.

Em Viradouro, Santo Dias e seus familiares tiveram que trabalhar como "boias-frias" para sobreviver e pagar aluguel na cidade. Inconformado com sua situação profissional e financeira, partiu para São Paulo, em 1962, para tentar uma vida melhor, tendo morado com conhecidos de sua família por certo tempo.

---

7 *Idem*, p. 27.

Em uma entrevista a Paulo Nosella, o operário Santo Dias relata a opção de partir para São Paulo em busca de trabalho:

> Aí entrei em contato com alguns colegas, que estavam já aqui em São Paulo. Achei melhor vir tentar alguma coisa aqui em São Paulo. Foi quando eu me transferi para cá. Mudei para cá em 1962. Foi umas das épocas em que tinha mais facilidade de empregos dado todo o desenvolvimento automobilístico que estava crescendo e pegavam mão-de-obra, assim, de qualquer jeito (NOSELLA, 1980, p. 34).

Ele consegue emprego em uma empresa metalúrgica de Santo Amaro chamada Metal Leve. Santo tinha uma namorada que se chamava Ana e que trabalhava como empregada em Viradouro. Os patrões dela não aprovavam o namoro, justamente pelo envolvimento de Santo Dias com as reivindicações trabalhistas de fazendas da região, mas Ana decidiu continuar o relacionamento. Na carta abaixo, Santose desculpa por não poder visitar Ana no carnaval:

> Ana espero que seja feliz ai em Viradouro, mesmo eu não podendo ir ai no carnaval, queira me desculpar porque foi tratado tudo certo para passarmos o carnaval juntos, mas infelizmente não posso, tenho que trabalhar no domingo[8]

O casamento de Santo Dias e Ana estava programado para acontecer em 1963, mas com a doença de seu pai e as despesas com o tratamento e com sua família, somente aconteceu no dia 6 de fevereiro de 1965, com celebração e festa simples.

---

8   Correspondências de Santo Dias. Fundo Santo Dias. Centro de Documentação e Memória (Cedem) da Universidade Estadual de São Paulo (Unesp).

Santo Dias: a construção da memória

> Viradouro, nesse momento de transição de uma cultura comercial para outra, e de um jeito de organizar a produção para outro. Podia ser simplesmente o aluguel de um pedaço de terra por um arrendatário, que pagava a renda em dinheiro ou em produção. Também podia ser a parceria, como no caso do seu Roger, na Fazenda Paraíso: o parceiro recebia uma tarefa a desempenhar e em troca, podia produzir numa faixa de terra, desde que o serviço para o qual fora contratado fosse realizado.[4]

A família de Santo Dias mantinha com os patrões e donos da terra uma relação de parceria, na qual executavam o trabalho e em troca podia produzir em uma faixa de terra. Mas essa relação também era marcada pela exploração, já que durante o ano os mantimentos eram comprados no armazém do dono da fazenda e cobrados no final de cada colheita.

> A sujeição ao armazém, geralmente ligado aos fazendeiros, endividava parceiros e meeiros durante todo o ano. Os adiantamentos em alimentos eram marcados, e quando se fazia a conta, no final da safra, o parceiro praticamente nada tinha a receber pelo seu trabalho. Isto quando não ficava ainda devendo algum valor, que naturalmente seria descontado na safra seguinte. Sebastião Dias da Silva, 59 anos, irmão de Santo, juntamente com José Renostro, o Zinho, 71 anos, lembram essa época em que todos dependiam do armazém para comer: "A gente comia de caderninho.

---

4   *Idem*, p. 19

Santo Dias: a construção da memória

> A gente era da roça, caipira mesmo! Uma família deu uma leitoa, outra engordou os frangos. Apesar da chuva, casamos de manhã no civil e à noitinha, no religioso. Depois foi a festa, era um sábado. Não deu pra ficar juntos. Nós fomos passar nossa lua-de-mel na segunda-feira, só, já em São Paulo. O Santo tirou cinco dias da firma e foi assim que nós arrumamos nossa casa.[9]

Logo após o casamento, indicados por um colega de trabalho como pessoas confiáveis ao proprietário do imóvel, Santo e Ana conseguiram alugar uma casa na região de Santo Amaro, localizada na zona sul de São Paulo.

O primeiro filho do casal nasceu em 1965 e recebeu o nome de Santo, mesmo do pai. O segundo filho nasceu em 1967 e recebeu o nome de Luciana, filha que, anos após a morte de Santo Dias, escreveu um livro dedicado à memória de seu pai.

Santo Dias não se sentia valorizado na empresa em que trabalhava, sempre buscou se aperfeiçoar através de cursos e de longas jornadas de trabalho, mas continuou a ser ajudante geral. Mesmo com seu esforço individual, Santo Dias não alcançou mudanças significativas em sua vida profissional e em sua remuneração "porque ele tentou fazer alguns cursos profissionalizantes e a firma não deu oportunidade para ele mudar de setor".[10]

Foi pela falta de perspectiva em relação a melhores condições de trabalho e pela busca de respeito da fábrica em relação ao trabalhador que Santo Dias optou pela luta sindical, já que, naquelas circunstâncias, não dependia do cargo ocupado na empresa

---

9   *Idem.*

10   Entrevista de Ana Dias. Correspondências de Santo Dias. *Fundo Santo Dias.* Centro de Documentação e Memória (Cedem) da Universidade Estadual de São Paulo (Unesp).

para que aqueles que optassem pela luta sindical fossem vítimas da repressão e de sanções por parte dos patrões.

> Durante a semana inteira, Santo dava duro nas jornadas de trabalho na Metal Leve. Não se conformava em ser apenas ajudante geral e à noite ou nas horas vagas, foi fazer vários cursos, para galgar outras funções na empresa. Madureza ginasial, desenho mecânico e cálculo foram apenas alguns. Acreditava que era uma forma de conseguir uma profissão mais estável, melhor remunerada e com outro status na empresa. Pensando dessa forma, fez três anos de desenho mecânico, um de mecânica geral e meio de tecnologia de mecânica. Frequentava a Escola Simon Bolívar, em Santo Amaro, e depois o Serviço Nacional de Aprendizagem Industrial (SENAI), considerado o melhor curso técnico da época. Abandonou essa opção individual, em função do movimento sindical (DIAS, 2004, p. 73).

Apesar do envolvimento de Santo Dias, a convivência familiar era bastante saudável, segundo sua esposa, Ana Dias. Mesmo diante das dificuldades, o casal procurava conviver de maneira harmoniosa e dividir as tarefas domésticas.

> A gente sempre procurou dividir tudo. O Santo era muito assim, de ajustar. A família já educou ele assim e então, ele nunca deixou as coisas só pra mim. Quando era para trocar as crianças, fazer a comida, ele sempre dividia todo o trabalho da casa. A única coisa que ele não fazia era lavar

Santo Dias: a construção da memória

> a roupa. Mas passar, pregar um botão pra ele, não precisava eu fazer. Se ele levantava depois, o que era muito difícil, por que eu sempre adorei, adoro dormir, então ele estendia a cama. Ele dividia muito o trabalho. Era muito legal (DIAS, 2004, p. 78).

Ana Dias, apesar de Santo Dias ser um bom pai e marido, sentia às vezes que ele se engajava demais e que os compromissos com a comunidade e o sindicato tomavam um tempo que deveria ser dedicado á família. Essa fala Ana expressa na entrevista concedida ao estudante Oiram.

> Às vezes a gente brigava um pouco. Às vezes a gente "quebrava o pau" [...] Porque ele participava demais. Então eu achava que ele também tinha que pensar na família, nos filhos e ele pegava e participava de todas as reuniões, mas ele concordava comigo. Ele não falava masàs vezes os amigos me encontravam e falavam que o Santo não pode participar dessa reunião, ele falou que você tá pegando no pé dele[11]

Santo Dias e Ana conseguiram dar entrada em um terreno localizado no Jardim Santa Tereza, um loteamento que ficava perto da represa do Guarapiranga.

> Aos sábados e domingos, Ana e Santo saíam cadinho cedinho de Vila das Belezas, com uma sacola com as marmitas e a comida das crianças e ficavam no lote, para construir a moradia e se livrar do aluguel. Carregavam baldes e baldes de terra para

---

11   Entrevista de Ana Dias. *Fundo Santo Dias*. Centro de Documentação e Memória (Cedem) da Universidade Estadual de São Paulo (Unesp).

> fora, transportavam blocos cerâmicos, tijo-
> los e outros materiais de construção, com-
> prados à prestação num depósito da região.
> Um pedreiro amigo foi contratado, tempos
> depois, para bater a laje e acabar as pare-
> des. Mas o casal ainda servia de ajudante.
> Em 1969, mesmo com a casa inacabada, a
> família mudou-se para lá: dois cômodos,
> cozinha e banheiro, piso de cimento bruto,
> sem luz e sem água encanada...

Nesse loteamento, Santo Dias pôde construir sua casa. A partir de então, Santo Dias, que sempre gostou de participar das atividades da igreja, passou a atuar nessa comunidade e nos novos espaços que a Igreja Católica proporcionou aos católicos leigos daquela época.

No final dos anos 1960, Santo Dias e a Igreja Católica da região de Vila Remo estavam decididos a promover maior participação dos leigos e fiéis na Igreja, seguindo as diretrizes do Concílio Vaticano II.

Nos anos 1970, muitos movimentos sociais surgem como resultado de um processo de exclusão social atingindo grande parte da população, principalmente a falta de espaços para a denúncia e a participação em questões essenciais para o povo.

A Igreja é o principal agente de denúncia, tanto da violação dos direitos humanos como das mortes e desaparecimentos de lideranças comunitárias, quanto das questões sociais como a terra, a moradia, os alimentos, o preconceito racial e de gênero, além dos problemas que envolviam os operários na construção de uma nova forma de organização sindical. A Igreja Católica, nesse período, apoiou a formação de pastorais e movimentos que reivindicavam melhores condições de vida para a população, sobretudo nas periferias.

Santo Dias: a construção da memória

> Nunca será exagerado salientar a impor-
> tância da Igreja Católica ao garantir, nos
> anos mais difíceis do período autoritário,
> um espaço de interação e organização,
> uma rede de comunicações e a defesa dos
> direitos humanos(KECK, 1991, p. 61).

A Igreja Católica renova a possibilidade de participação ativa dos fiéis, enfatizando uma concepção de fé "encarnada" na realidade política e social das comunidades locais.

Os bairros da periferia de São Paulo careciam de quase tudo. A situação não era diferente nas periferias do final dos anos 1960 e início dos anos 1970. Faltavam quase todos os serviços básicos, inclusive opções de lazer para os trabalhadores.

A Igreja Católica e os botecos eram às vezes as únicas opções, por isso as atividades da paróquia acabavam sendo um refúgio de convivência e distração para muitas famílias de operários.

Santo Dias gostava muito de participar da Igreja, já que também era uma forma de socialização e de fazer amizades em uma cidade grande como São Paulo.

Participava das missas aos domingos e gostava de usar sua melhor roupa, ou seja, sempre que podia utilizava terno para ir à Igreja. Depois da missa apreciava fazer reuniões e grupos de discussão nos quais eram discutidos assuntos relativos às escrituras da Bíblia e a temas relacionados à comunidade.

Santo Dias também gostava muito de teatro. Apesar de não ter nenhuma formação, promovia pequenas peças teatrais com temáticas sempre sociais, buscando de alguma forma politizar e levantar questões diante da comunidade.

> O Santo gostava muito de teatro e do grupo
> de Vila Remo. Ao montar essa peça, o gru-
> po queria que as comunidades enxergassem
> que muitos outros trabalhadores tinham

> morrido do jeito que ele, batalhando por uma causa. Eles usavam assim um pano que colocavam atrás, com uns desenhos e os atores representavam na frente [...] A peça era discutida por todo mundo e eles inventavam as cenas, todo mundo junto. Tinha um engenheiro que era nosso amigo que entendia de teatro, começou a ir no grupo também, então eles liam sobre teatro popular, essas coisas, para montar as pecinhas deles [...] Eles fizeram um monte de peças antes do Santo morrer. O pessoal adorava [...] sempre lotavam os locais em que eles faziam apresentação (DIAS, 2004, p. 151).

Nos finais de semana, Santo Dias e sua esposa, além de frequentar a Igreja, começaram a participar das comunidades eclesiais de base, conhecidas como CEBs, experiências de organização popular dentro da Igreja Católica que naquele momento crescia, sobretudo nas periferias de São Paulo.

E além de participar das CEBs, da Pastoral Operária, do Movimento Custo de Vida, da Oposição Sindical Metalúrgica durante sua vida profissional, buscou sempre a qualificação, fazendo cursos de desenho industrial e mecânica, mas trabalhou dez anos na indústria Metal Leve, sempre como operador de empilhadeira, saindo assim da empresa pela impossibilidade de mudar de cargo.

Trabalhou ainda nas empresas Bristan, Burdy e MWM até 1976. Em 1977, volta a trabalhar na Metal Leve como inspetor de qualidade e é demitido por participar como candidato a vice-presidente do Sindicato dos Metalúrgicos da cidade de São Paulo na chapa da oposição. Em entrevista a Paulo Nosella, Santo revelou que a demissão da Metal Leve foi o pior momento de sua vida.

> Agora, em termos de coisa pior mesmo foi quando a gente estava se organizando para

Santo Dias: a construção da memória

> participar do processo das eleições dos metalúrgicos em 1978. Eu fui mandado embora da fábrica em que eu trabalhava (Metal Leve). Fui mandado embora 3 dias após a abertura do edital de convocações para inscrição das chapas (NOSELLA,1980, p. 34).

A morte de Santo Dias não foi um episódio casual ou circunstancial. O seu envolvimento com as causas sociais e trabalhistas, sua constante participação no processo sindical, marcadamente oposicionista, liderando grupos católicosna resistência à repressão nas comunidades, articulando uma oposição crítica dentro das fábricas e no movimento sindical, fez com que Santo Dias fosse se tornando uma figura emblemática nas relações com os agentes da repressão, da política e com os empresários.

Santo Dias fora alvo da policia por representar uma liderança sindical mobilizadora, atuante nas comunidades eclesiais de base e membro participante da Pastoral junto à Conferência Nacional dos Bispos do Brasil na região sul da cidade de São Paulo.

Santo Dias da Silva, funcionário da empresa Filtros Mann, líder sindical e comunitário, foi morto pela polícia durante um piquete no dia 30 de outubro de 1979, em frente à empresa Sylvania. Ele se tornou um mártir para os trabalhadores, os movimentos sociais e as comunidades ligadas à Igreja Católica em São Paulo no final dos anos 1970.

> Uma bala disparada a menos de um metro e quarenta centímetros, a queima-roupa, por um miliciano da rota 220, matou ontem à tarde às 14:20 o metalúrgicoSanto Dias da Silva, de 38 anos. Empregado da Filtros Mann e representante dos operá-

> rios na Pastoral Regional Sul da Conferencia Nacional dos Bispos do Brasil[12]

Santo Dias era considerado pelos seus companheiros do sindicato e da Igreja como uma pessoa de temperamento calmo e de diálogo, por isso sua morte durante o piquete causou muita surpresa e revolta entre aqueles que o conheciam.

> Santo era uma pessoa muito conhecida na região sul e a notícia de sua morte se alastrou rapidamente. Junto com ela, uma indignação geral explodiu. De todos os militantes operários, ele fora o mais equilibrado, o mais ponderado e também o mais firme. Sua morte revoltou os bairros e as fábricas da região sul.

As testemunhas, entre elas o operário João Ferreira, com a ajuda do advogado Luiz Eduardo Greenhalgh, conseguiram reconhecer o policial responsável pela morte de Santo Dias, mesmo com a indisposição das autoridades da época.

> Como você pode ter certeza?, perguntou o oficial. Ferreira respondeu que o autor dos disparos possuía uma falha dentária na arcada inferior. O oficial pediu ao soldado apontado que abrisse a boca, e lá estava a falta do dente. Depois desse episódio, religiosas o esconderam por um tempo, com medo de retaliação da polícia.

Seus familiares e companheiros foram ao IML com medo de que o corpo de Santo Dias desaparecesse. Os policiais hostili-

---

12　Folha de São Paulo, 31 de outubro de 1979. *Fundo Santo Dias*. Centro de Estudos, Documentação e Memória (Cedem) da Universidade Estadual de São Paulo (Unesp).

Santo Dias: a construção da memória

zaram a viúva e o falecido Santo Dias com todo tipo de palavrões, hostilidade que somente acabou com a chegada dos religiosos.

Figura 6 – Indignação da viúva de Santo Dias, 1979 (Foto:Ricardo Alves)

Dom Paulo Evaristo Arns ajudou a reconhecer o corpo e Luís Eduardo posteriormente falou sobre as dificuldades de chegar ao corpo de Santo Dias.

> Chegamos ao IML, que estava cercado pela tropa de choque. Ninguém podia entrar, Dom Paulo desceu do carro, eu desci, a freira desceu. Dom Paulo foi à frente e os soldados foram abrindo. Ninguém ousou deter Dom Paulo. Então nós entramos.

> Chegando lá em cima tinha uma porta fechada, vários delegados de polícia. Ninguém podia entrar, mas Dom Paulo se dirigiu a porta, o delegado abriu, nós passamos e lá estava o corpo do Santo Dias em cima de uma maca com outros cadáveres. Estava também a Ana, chorando. Dom Paulo olhou o corpo do Santo Dias, viu o orifício no corpo dele e disse: "Olha o que vocês fizeram!". Há momentos que não se pode esquecer nunca (DIAS, 2004, p. 276).

No livro *Da esperança à utopia,* Dom Paulo Evaristo Arns relata o momento em que se deparou com o corpo de Santo Dias. Dom Paulo demonstrou profunda indignação diante da brutalidade da repressão a uma liderança tão querida pela sua comunidade.

> Todos se retiraram e eu me aproximei do cadáver, colocando o dedo indicador dentro da ferida e rezando o pai-nosso, olhando ao mesmo tempo para Deus e pra mais ou menos uma dúzia de delegados que me assistiam naquele momento. Ao ver Ana, a esposa, entrando, falei aos funcionários da polícia: "Vejam o que vocês fizeram!", ela se lançou nos braços, chorando:"Olhe, Dom Paulo, o que fizeram com o meu Santo!" (ARNS, 2001, p. 196).

A morte de Santo Dias causou grande comoção popular e seu enterro foi acompanhado por milhares de pessoas e lideranças da Igreja Católica, como o arcebispo de São Paulo da época, Dom Paulo Evaristo Arns, e o presidente do sindicato dos metalúrgicos de São Bernardo do Campo, Luiz Inácio Lula da Silva.

Santo Dias: a construção da memória

Figura 7 – Sepultamento de Santo Dias, 1979 (Foto: Ricardo Alves)

Houve uma enorme procissão da Igreja da Consolação até a Praça da Sé, em São Paulo. Representantes de partidos, lideranças sindicais, estudantis e dos direitos humanos participaram do cortejo junto com os milhares de trabalhadores que também acompanhavam o enterro.

A viúva de Santo Dias, após sua morte, apesar do apoio dos companheiros de Santo, sofreu muito para criar seus filhos. Foi chamada por várias entidades para depoimentos e para falar sobre o trabalho que Santo Dias fazia em sua comunidade.

Seus amigos e companheiros, entre eles o padre Luiz Giuliani, junto com a irmã Cecília Hansen, resolveram criar o Comitê Santo Dias, com o objetivo de manter a memória do operário e acompanhar o julgamento do responsável, o policial Herculano Leonel. Além disso, o comitê também ajudou outras vítimas da repressão.

> Logo após o enterro surgiu o Comitê Santo Dias da Silva. Um grupo pequeno, operários, nós, das comunidades [...] O objetivo era manter a memória do Santo viva entre o povo; divulgar por todo o Brasil e fora do Brasil o seu exemplo de luta; denunciar e solidarizar-se com todos

que tombam pela justiça. A primeira ação foi em torno do julgamento do assassino. O Comitê confeccionava folhetos, revista, disco, camisetas, cartazes, artigos para jornais, organizava shows, teatro etc. Poetas populares colocaram a memória do Santo no papel em poesias, poemas, cantos, cordel. O Comitê preparava encontros, recebeu convites de muitos lugares do Brasil todo. Assim se divulgou o fato por todo o país. Lugares, instituições, escola, praça, comunidades, organizações são denominadas com o nome de Santo Dias, nosso amigo e companheiro. Através desses símbolos a memória de Santo Dias está viva (DIAS, 2004, p. 289).

O Comitê Santo Dias, por meio de manifestações culturais e de divulgação, ajudou a construir e manter a memória de Santo Dias. Mas talvez o legado mais importante dele tenha sido sua luta pela cidadania e pela justiça social que ajudou a organizar, mesmo com as limitações e dificuldades de tempos tão difíceis.

SANTO DIAS, MEMÓRIAS DE SUA TRAJETÓRIA POLÍTICA E SINDICAL

A trajetória política de Santo Dias começa a partir do seu envolvimento com trabalhadores da fazenda na qual trabalhava e vivia com sua família, em Terra Roxa. Os trabalhadores começaram a exigir seus direitos trabalhistas e foram obrigados a assinar documentos que os prejudicavam, sendo assim, Santo e seus companheiros começaram a orientar os outros trabalhadores a não assinar esses documentos.

Nesse debate, levantamos problemas, questionamos, tinha um advogado que nos orientou, mostrou que realmente a gente teve uma posição correta em não assumir o documento. Mas aí o problema ventilou, saiu fora daassembléia e chegou até a administração da fazenda, aí a gente foi solicitado realmente a deixar a área (NOSELLA, 1980, p. 32).

Santo Dias foi expulso da fazenda junto com sua família, que teve que morar na cidade e trabalhar como boia-fria. Santo Dias partiu para a cidade para trabalhar como operário na Metal Leve, em São Paulo. Como operário, participou de sua primeira paralisação em 1962, mas sem estar envolvido diretamente com o sindicato.

A gente participou dessas paralisações, embora sem muita clareza das coisas, mas a gente estava dentro do movimento e percebendo toda a situação como é que estava [...] Em 1963 teve uma grande greve também. Inclusive, pelo que me ocorre, foi a greve onde o problema do décimo terceiro realmente foi efetivado, mediante aquela paralisação, se não me falham as minhas informações (NOSELLA, 1980, p. 35).

Em abril de 1964, instaurou-se no Brasil a Ditadura Militar, após a derrubada do presidente João Goulart pelos militares. Ditadura essa que se caracterizou pela censura, perseguição, prisão e tortura de pessoas consideradas subversivas e contrárias ao regime. É nesse contexto que Santos Dias vivenciou sua trajetória política e sindical.

Após a renúncia do presidente Jânio Quadros, e com a entrada de seu vice, João Goulart, o Brasil viveu um tenso período político. As organizações sociais e os grupos sindicais ganharam força, por conta das "reformas de base" prometidas por João Goulart. Mesmo com a inflação em alta, as centrais sindicais conseguiram um considerável aumento no salário dos trabalhadores, enquanto, no campo, foram criadas várias "Ligas Camponesas", fazendo crescer a luta por melhores condições no meio rural, visando à implantação da Reforma Agrária.

A luta política envolveu vários setores da sociedade brasileira, não se configurando apenas nas esferas do setor político-institucional, atingindo trabalhadores urbanos e rurais, soldados, estudantes e outras categorias.

No início da década de 60, mais precisamente de 61 a 63, os movimentos sindicais estavam bem articulados e atuantes. Para se ter uma ideia da força sindical nesse momento, foram registradas 435 greves contra 177 nos anos de 1958 a 1960.

A constante atuação dos sindicatos na política fez com que inúmeros deles se unificassem, formando assim várias organizações. Dentre as que surgiram, o Comando Geral dos Trabalhadores (CGT) foi a que mais se destacou.

O Comando Geral dos Trabalhadores (CGT) apoiava a maioria das iniciativas políticas do governo Goulart, atuando mais precisamente como um órgão político, diferenciado dos demais sindicatos, não somente nas camadas urbanas, mas também junto ao trabalhador rural, que no final da década de 50 começava a se reunir. Alguns camponeses se mobilizavam sem a influência de sindicatos ou partidos políticos. Diante dessa realidade, diferentes grupos políticos se aproximaram.

Os trabalhadores rurais ganharam força com o surgimento das Ligas Camponesas. Essas ligas eram formadas por pequenos agricultores e pelos que não obtinham propriedade. Elas lutavam

Santo Dias: a construção da memória   91

contra a dominação política e econômica exercida pelos grandes latifundiários

Nesse contexto, várias lideranças camponesas foram assassinadas, outras sofreram algum tipo de violência, sempre a mando dos latifundiários.

A elite e os demais setores conservadores também se mobilizaram, na medida em que a esquerda crescia. Várias organizações foram criadas para defender os setores ligados à direita.

Assim como os grupos de esquerda, inúmeros grupos direitistas surgiram, como o Serviço de Orientação Rural de Pernambuco (SORPE), o Movimento de Arregimentação Feminina (MAF), o Movimento Anticomunista (MAC), entre outros.

No final da década de 50, foi criado, com o propósito de defender a democracia, o Instituto Brasileiro de Ação Democrática (IBAD), que, em 1962, se uniu ao Instituto de Pesquisas e Estudos Sociais (IPES).

Aproveitando-se dos trabalhadores, estudantes, religiosos com posicionamentos políticos diferentes, o IPES/IBAD financiava e apoiava as facções de direita dentro da Igreja Católica, dividia o movimento estudantil e apoiava associações sindicais com interesses patronais, para conter as de origem esquerdista.

Esse grupo formado por grandes empresários crescia em contraposição ao aumento das mobilizações populares. Em 1963, o grupo obteve a marca de 500 empresários filiados, sendo que 70% estavam ligados à Federação das Indústrias do Estado de São Paulo (FIESP). Tal número se deveu também à crise econômica na qual o país se encontrava.

A elite conservadora estava preocupada devido ao crescimento dos sindicatos, dos movimentos estudantis e à agitação no campo em prol da Reforma Agrária. Enfim, a direita via que era hora de agir, principalmente depois do grande comício de 13 de março, em que o presidente Jango conseguiu reunir mais de 200 mil pessoas na estação Central do Brasil, e em seu discurso deixou bem clara sua intenção:

> A reforma agrária não é capricho de um governo ou programa de um partido. É produto da inadiável necessidade de todos os povos do mundo. Aqui, no Brasil, constitui a legenda mais viva da esperança do nosso povo, sobretudo daqueles que labutam no campo. A reforma agrária é também uma imposição progressista do mercado interno, que necessita aumentar a sua produção para sobreviver. [...] Como garantir o direito de propriedade autêntica quando, dos quinze milhões de brasileiros que trabalham a terra, no Brasil, apenas dois milhões e meio são proprietários? O que estamos pretendendo fazer no Brasil, pelo caminho da reforma agrária, não é diferente, pois, do que se fez em todos os países desenvolvidos do mundo. É uma etapa de progresso que precisamos conquistar [...]. (GOULART, discurso na Central do Brasil: 1964).

João Goulart propôs o início das "reformas de base," como a nacionalização de todas as refinarias de petróleo particulares e também a desapropriação de terras improdutivas para fins da reforma agrária. A classe média e os demais setores conservadores realizaram, em 19 de março, a "Marcha da Família com Deus pela Liberdade," acusando Jango de ser cúmplice do comunismo internacional, fazendo com que as tensões em torno do governo aumentassem.

No dia 31 de março de 1964, as tropas militares saíram às ruas e derrubaram o presidente João Goulart. A fim de evitar uma possível guerra civil, Jango deixa o país.

Santo Dias: a construção da memória

> Às 20h30 o presidente abandonou a granja do Torto e voou para Porto Alegre num avião da FAB. Nem sequer passou pelo palácio do Planalto para limpar a mesa ou o cofre. Deixou à mulher, Maria Thereza, uma linda gaúcha de 27 anos, a tarefa de tirar os filhos da cama, juntar algumas malas e segui-lo para o Sul. Ela viajou com um tailleur, duas mudas de roupa e uma bolsa de maquiagem. O avião em que embarcaria pousou no Torto com a ajuda de automóveis com faróis acesos a balizar a pista (GASPARI, 2002, p. 111).

Com a implantação do golpe e consequentemente com a repressão, a esquerda muda seu foco de luta, pois o inimigo a enfrentar passa a ser um regime autoritário. Após o golpe de 64, vários atos institucionais serão criados, centralizando cada vez mais o poder em torno do regime.

Em relação ao de abril de 1964, Santo Dias relata que o golpe surpreendeu os trabalhadores e que, apesar das mobilizações, a classe trabalhadora estava despreparada politicamente.

> Por causa desse despreparo político, foi que o movimento sindical em 1964 foi pego desprevenido. Deu o golpe, o movimento sindical ficou sem posicionamento. Eu lembro que, na época, a gente e muitos companheiros que trabalhavam comigo (inclusive, a gente trabalhava em regime de revezamento, trabalhando à noite e de madrugada) saímos, e vários companheiros que saíram com a gente foram ao sindicato para ver o que fazer. Mas, nesse ir ao sindicato, teve muitos companheiros que foram presos. Chegamos na porta do

sindicato e estava a polícia esperando (NO-SELLA, 1980, p. 37).

Depois do golpe de 1964, os sindicatos sofreram intervenção por parte do regime militar, os trabalhadores perderam o direito de greve pela Lei 4.330, de junho de 1964, além disso, em 1966, os trabalhadores perderam o direito de estabilidade no emprego com a criação do Fundo de Garantia por Tempo de Serviço (FGTS). Isso possibilitou criar uma política de arrocho salarial que colocou a classe operária em uma situação difícil. Havia assim uma perda em relação aos direitos e ao mesmo tempo o aumento da repressão aos trabalhadores por parte do regime.

> A nova política econômica, criadora do arrocho salarial, fez-se vingar em cima de alguns pontos: a proibição do direito de greve, através da famigerada lei 4.330, de junho de 64, e a fixação dos índices de aumentos da negociação entre operários e patrões, como antes de 64 e passou a ser prerrogativa absoluta do Estado. Porém para que o "o arrocho"pudesse ser efetivamente implantado foi necessário acabar com outra conquista no movimento operário anterior a 64: o regime de estabilidade no emprego. Criou-se então, em 1966, o Fundo de Garantia por Tempo de Serviço (FGTS), instrumental necessário para as grandes empresas despedirem, compulsoriamente e a seu bel-prazer grandes contingentes de mão-de-obra em épocas anteriores ao dissídio coletivo, para sua posterior recontratação em faixas salariais abaixo daquelas determinadas pelos já irrisórios índices de aumento (ANTUNES, 1985, p. 77).

Para Santo Dias, a intervenção nos sindicatos, embora ruim pela impossibilidade de barganha dos trabalhadores diante dos patrões, possibilitou aos trabalhadores repensar um novo tipo de sindicalismo, ou seja, a criação de uma oposição sindical que rompesse com o "peleguismo" e o paternalismo presentes nos sindicatos.

A partir de 1968, os trabalhadores, após anos de arrocho salarial, conseguiram se mobilizar com as greves de Osasco, nas quais houve dura repressão por parte das forças armadas. O regime endureceu e entre os vários atos do regime, o AI-5 deu amplos poderes para que os órgãos de repressão combatessem qualquer tipo de oposição ao governo.

Em Osasco, com forte sustentação nas comissões fabris, a greve foi dirigidapor um comitê eleito, composto por grevistas e membros da diretoria sindical. Os diretores do Sindicato dos Metalúrgicos de Osasco provinham de uma chapa de oposição, eleita em 1967 com bases nas empresas, cuja prática insistiu na defesa da organização fabril, na democratização da entidade, na negociação direta com o patronato. Manifestavam-se abertamente contra o regime militar, opunham-se aos encaminhamentos legalistas e burocráticos do MIA e advogavam a ação direta das massas assalariadas contra o arrocho salarial. A greve foi deflagrada pela pressão direta dos trabalhadores das empresas em que estavam mais organizados, como a Cobrasma, a Lonaflex, a Brown Boveri, a Barreto/Keller (Ibrahim, 1986:51-71). O movimento grevista esgotou-se na estrutura oficial, o que desnudou, de modo amargo, o papel que esta representava no

> controle da classe operária, já no quadro de ausência de demagogia populista e de fechamento político. Mas não poderia ser outro o seu fim, numa conjuntura de repressão que inviabilizava o avanço político e organizativo necessário para o movimento efetivar sua proposta autônoma (BATISTONI, 2001, p. 43).

A greve de Contagem foi uma das mobilizações dos trabalhadores por melhores condições e contra o arrocho salarial, mas foi também reprimida pelos militares e, segundo Antunes, a desorganização e a presença estudantil no movimento tiveram "consequências nefastas", e a greve durou apenas quatro dias.

Apesar dos fracassos em 1968, Santo Dias e seus companheiros conseguiram organizar um grupo de oposição sindical, mas era difícil apresentá-lo enquanto alternativa para a repressão e a pouca representação frente à classe operária.

> A gente não teve condições de passar, realmente, para a ofensiva, enquanto operário. Mas conseguimos um avanço, porque saímos da era mais crítica, que foi o tempo em que a gente passou realmente se preparando mais, de 1965 a 1968. A gente achava que 1968 já era possível, mas não foi (NOSELLA, 1980, p. 39).

Santo Dias relata na entrevista que a partir de 1968 a repressão aumentou e apesar da participação nas eleições era difícil fazer frente como chapa de oposição. Uma das saídas foi a participação nas pastorais sociais da igreja, sendo a pastoral operária o principal instrumento de articulação dos trabalhadores a partir da base.

Santo Dias: a construção da memória

> Nesse espaço, entre 1968 e 1974, a coisa fechou tanto, que a gente não podia se posicionar nem como oposição sindical. Então, o que sobrou para a gente foram algumas pastorais operárias e coisa do gênero, para poder ter uma atuação, ter mais liberdade. A igreja, inclusive, favoreceu nessa época. Mas entre 1973 e 1974, quando a gente estava consolidando realmente um trabalho e estava mesmo dando uma direção para a coisa e a categoria estava percebendo toda a manobra que o regime estava aplicando, a gente recebeu uma puta duma cacetada que foram as prisões. Em 1974 prenderam muitos companheiros aqui em São Paulo (NOSELLA, 1980, p. 40).

Com os espaços de participação reduzidos pela repressão, a Igreja Católica passou a ter um papel essencial como espaço de organização dos trabalhadores e dos movimentos sociais. Entre os principais movimentos, destacam-se as CEBs[13], a CPT(Comissão Pastoral da Terra), o MCV(Movimento Custo Vida)[14], os diversos sindicatos, principalmente o dos metalúrgicos e as Pastorais Operárias em São Paulo, essenciais para os movimentos de greve do final dos anos 1970.

O sindicalismo brasileiro, durante grande parte do regime militar, salvo curto espaço de abertura com mobilizações em Minas Gerais e São Paulo, que antecederam o AI-5 em 1968, permaneceu sujeito às intervenções e ao controle do regime. Sua estrutura era de caráter paternalista e quase sempre de acordo com interesses da classe patronal. O papel da oposição sindical da qual Santo Dias participou foi romper com essa estrutura de poder e organizar os

---

13 Comunidades Eclesiais de Base.

14 O Movimento Custo de Vida surge (porém não com esse nome) a partir de clubes de mães na zona de M`Boi Mirim, na região sul de São Paulo (MOISES, 1982, p. 76).

trabalhadores a partir do "chão da fábrica". As organizações de bairro, as CEBs e a Pastoral Operária foram essenciais nessa luta.

> Os ativistas sindicais e dos movimentos sociais que participavam das CEBs também colaboraram na organização do apoio da Igreja na greve dos metalúrgicos em 1978-80. A sobreposição de papéis entre os membros dessas organizações era freqüente; os vínculos com a Igreja constituíam um componente essencial das redes dos movimentos sociais que se desenvolveram nos anos 1970 (KECK, 1991, p. 61).

O movimento sindical no ABCD, desde o início do século XX, sempre se caracterizou dentro de suas possibilidades como um dos mais atuantes de São Paulo. E mesmo antes de as indústrias automobilísticas e metalúrgicas surgirem, a classe operária já demonstrava grande poder de organização, mas muito longe do que foram as greves e manifestações do final dos anos 1970.

O "novo sindicalismo", que foi uma ruptura com o "sindicalismo pelego", trazendo à cena novas lideranças sindicais, entre elas o próprio Santo Dias, reflete justamente o contexto histórico no qual a sociedade civil e principalmente os pobres começaram a se organizar. Essa organização, partindo principalmente de setores progressistas da Igreja Católica, começava a dar "voz" àqueles que nunca puderam de fato participar das decisões e exigir seus direitos.

Movimentos que tinham em comum seu caráter democrático e participativo, construído a partir da base, traziam uma experiência que essas pessoas, vivendo em um regime autoritário e excludente, não tinham. As CEBs, os movimentos contra a carestia, os movimentos de mulheres faveladas, negros, movimentos pela terra, todos eles refletiam os anseios, principalmente, da classe trabalhadora.

Santo Dias, por meio dos espaços de participação na Igreja Católica e no diálogo com outros trabalhadores, demonstrou seu inconformismo que não se resumiu a apenas uma esfera do social, sua inquietação era em relação às condições do bairro, à situação dos trabalhadores nas fábricas, ao custo de vida, enfim, contra toda situação de exclusão e exploração que caracterizava o regime militar no Brasil dos anos 1970.

O Brasil do final dos anos 1970 é um país de industrialização tardia que, após o grande crescimento econômico do início da década de 1970, demonstrou suas fragilidades depois da crise do petróleo de 1973, ou seja, o "milagre econômico estava chegando ao fim".[15]

O crescimento econômico que o regime militar exaltava beneficiou principalmente as camadas médias da população, destacando-se o consumo de bens duráveis, como eletrodomésticos e automóveis. A maioria da classe trabalhadora foi excluída desse processo de desenvolvimento e era carente de necessidades básicas como alimentação, saneamento e moradia.

> Apontaram no sentido de uma política constituída a partir das questões da vida cotidiana. Apontaram para uma nova concepção da política, a partir da intervenção direta dos interessados. Coloram a reivindicação da democracia referida às esferas da vida social, em que a população trabalhadora está diretamente implicada: nas fábricas, nos sindicatos, nos serviços públicos e nas administrações dos bairros (SADER, 1988, p. 313).

---

15 A crise do petróleo e o arrefecimento econômico mundial vinham levantar o "véu de euforia" que o milagre produzira (MENDONÇA, Sonia R. & Fontes, Virginia Maria. *História do Brasil Recente 1964-1980*. São Paulo, Editora Ática, 1998).

Os movimentos sociais que surgem nos bairros e periferias de São Paulo nos anos 1970 tinham como principal característica a opção pela autonomia. Não tinham acesso aos termos e conceitos próprios das humanidades e do vocabulário, mas procuravam, a partir das experiências de seu cotidiano, mobilizar-se em torno de demandas e reivindicações em prol da coletividade, constituindo assim um novo sentido para a prática política.

> Mas, o cotidiano não pode ser pensado como um lugar mítico onde, em sua pureza, os pobres se apresentam como são, libertos de ideologias estranhas. Melhor vê-lo em sua ambigüidade de "conformismo e resistência", expresso na "consciência fragmentada" da cultura popular (SADER, 1988, p. 141).

Na região sul de São Paulo, mães formavam na época pequenos clubes que, de início voltados para a convivência e o ensino de alguns ofícios, como costura e bordados, passaram a ser, com o tempo, lugares de luta e de mobilização em busca de melhores condições de vida e de serviços básicos que o Estado não oferecia com qualidade.

> As mobilizações dos clubes de mães de Vila Remo ensinavam a lidar com a saúde da mulher e da família ao mesmo tempo em que desvendavam a realidade, mostrando que muitos dos problemas que apareciam não eram individuais e dependiam de equipamentos públicos, cuja administração desconheciam. No percurso de reivindicar coleta de lixo, água encanada, postos de saúde, pavimentação e eletricidade, serviços fundamentais para

Santo Dias: a construção da memória 101

> a vida urbana saudável, essas mulheres e suas famílias desvendaram as estruturas do serviço público, com seus meandros e sua burocracia, passando a questionar o próprio direcionamento das políticas públicas existentes. Muitas das melhorias urbanas dos bairros da região do Guarapiranga e do M' Boy Mirim foram implementadas depois da ação diligente dos clubes articulados uns aos outros (DIAS, 2004, p. 149).

O clube de mães aos poucos foi ganhando um caráter político que abrangia desde a falta de escola, transporte, saúde e saneamento básico até o preço dos alimentos; foi assim que surgiu o Movimento Custo de Vida que, a partir das necessidades básicas, passou a contestar toda uma forma de organização social que excluía grande parte da população. O clube de mães da Vila Remo, de que a esposa de Santo Dias participava, era ativo e ajudava a mobilizar toda a comunidade em busca de seus direitos básicos.

> Ana e Santo começaram assim e depois passaram a coordenar atividades conjuntas mais e mais articuladas, não só em Vila Remo, mas na região sul. O que aglutinava esse conjunto de prática era a vivência religiosa, talvez como uma forma de manifestação dos anseios populares sem o terror da represália, da repressão política daqueles dias (DIAS, 2004, p. 153).

O "custo de vida" foi a principal causa desses movimentos de bairro, pois os anos de arrocho salarial deixaram os trabalhadores com muitas dificuldades, visto que os salários não acompanhavamsuas reais necessidades. Questionar os números do governo em relação aos preços e salários passou a ser uma forma importante de contestação.

Uma das ações foi o envio de uma carta ao presidente da república reivindicando melhores salários e condições de vida para os trabalhadores da região.

> Somos mães de família em desespero e, mais do que ninguém, sentimos os preços dos alimentos, remédios, escolas, roupas, sapatos, condução e aluguel de casa. Estamos cansadas dessa exploração. Há muitas crianças por aí mal alimentadas, por isso fracas, sem poder estudar, por causa do alto custo de vida, do salário baixo e da falta de vagas nas escolas[16]

O Movimento Custo de Vida conseguiu enviar uma delegação a Brasília para tentar ser recebida no Palácio do Planalto. Entre os 21 representantes estava Ana Dias, mas eles não foram recebidos.

As disputas ideológicas e divisões políticas esvaziaram o movimento depois de chegar ao auge em 1978, principalmente quando o PC do B domina sua direção e muda o foco das reivindicações, antes espontâneas. Até o nome do movimento mudou para Movimento contra a Carestia.

> O PC do B já tinha dominado a direção. Nós, que fazíamos o trabalho duro de mobilização das comunidades, éramos qualificados como "papa-hóstias", "basistas", e assim, muita gente se retirou, abandonou mesmo o movimento, porque não entendia as disputas de poder e suas discussões.

---

16   Carta às autoridades, novembro de 1975. *Fundo Santo Dias*. Centro de Documentação e Memória (Cedem) da Universidade Estadual de São Paulo (Unesp).

Santo Dias: a construção da memória · 103

> Ele foi perdendo a característica da intensa
> participação popular (DIAS, 2004, p. 190).

Santo Dias, na entrevista ao sociólogo Paulo Nosella, revela que os trabalhadores, se quisessem ser realmente representados, deveriam criar seu próprio partido. Nesse sentido, Santo Dias vê a necessidade dos trabalhadores de se organizarem para chegar ao poder pela política partidária.

> Mas, inclusive na discussão que gente tem travado por aí, e mesmo em algumas vezes em que se consegue conversar separadamente com alguns companheiros, eles acham que devem estar algum dia no poder, ter esse poder na mão. Inclusive eu tive oportunidade de conversar algum tempo com o Lula, Luís Inácio, e ele também tem esse ponto de vista e inclusive a proposta partidária que ele está dentro dessa concepção, um partido trabalhista; então é o trabalho que tem de estar mandando e, dentro disso aí, é claro que está fechada a participação de qualquer outro (NOSELLA, 1980, p. 116).

Santo Dias demonstra suas preferências políticas em favor do socialismo, mesmo que não estivesse ligado a nenhum partido na época. Essa opção é expressa quando questionado sobre um país com um sistema justo para os trabalhadores. Santo Dias cita Cuba.

As contradições entre o discurso do governo e a realidade dos trabalhadores exposta pelo Movimento Custo de Vida através das reuniões e reflexões feitas pela Pastoral Operária nos bairros e fábricas ajudaram a mobilizar os trabalhadores para uma nova perspectiva de organização sindical e de fábrica.

Santo Dias, na Oposição Sindical Metalúrgica, fazia o trabalho nos bairros levando folhetos e divulgando as reuniões. Nas fábricas, seu trabalho também era de divulgação das assembleias e campanhas salariais. Mas, somente em 1978, a Oposição Sindical conseguiu uma representatividade que possibilitou disputar as eleições sindicais, e Santo Dias foi candidato a vice-presidente na chapa de oposição.

A oposição ao sistema no qual estava organizado o sindicato era também uma forma de fazer oposição ao regime militar, pois tanto o sindicato quanto toda a conjuntura social e política tendiam a ser contra os interesses dos trabalhadores.

Santo Dias não era muito de falar nas reuniões, segundo alguns de seus companheiros, mas conseguia juntar grupos e reconciliar opiniões divergentes para um objetivo comum.

Sua principal qualidade era o trabalho de base junto aos trabalhadores e às comunidades para, assim, juntar pessoas para a luta, seja nos movimentos da igreja ou no sindicato.

Figura. 8 – Santo Dias e seus companheiros da Chapa3 de Oposição Metalúrgica, eleição de 1978. (Foto: Ricardo Alves)

Santo Dias: a construção da memória

As reuniões na Capela do Socorro foram a marca da atuação de Santo Dias no sindicato. Segundo seus companheiros em vários relatos, ele tendia quase sempre pela ponderação, mas sem ser conservador em suas ideias.

> Ele era um operário nato, de origem. Ele não se impunha à primeira vista, a gente só descobria o seu valor na medida em que começávamos a nos aproximar dele nas reuniões, nas ponderações, porque sempre foi muito ponderado (DIAS, 2004, p. 221).

Em 1978, após as greves de São Bernardo, os metalúrgicos, não somente do ABC, mas também de São Paulo, começaram a construir um novo patamar na forma de mobilização e de organização sindical a partir das bases e principalmente das comissões de fábrica. As paralisações começaram no ABC e depois se estenderam para toda São Paulo.

> Foi, então, que os trabalhadores iniciaram um intenso processo de mobilização nas fábricas e nos sindicatos pela reposição salarial. Na verdade, a luta pela reposição salarial preparou todo o terreno para que, no início de 1978, os operários voltassem com toda sua força e iniciassem as paralisações de maio, que atingiram centenas de milhares de trabalhadores metalúrgicos, inicialmente no ABC e depois estendendo-se para todo o Estado de São Paulo.

Em 1978, a Oposição Sindical Metalúrgica conseguiu montar uma chapa para disputar as eleições sindicais, sendo Anísio Batista de Oliveira candidato a presidente e Santo Dias a vice-presidente. A chapa também era composta por outros companheiros.

Santo Dias foi demitido da empresa Metal Leve logo após candidatar-se, fato que prejudicou bastante a sua família e a campanha, já que era importante estar ligado a uma grande empresa.

> Nesse dia da demissão, tanto o Santo como eu choramos. Naquele momento, era importante que ele fosse registrado na chapa com o nome de uma fábrica grande. O reconhecimento pela base seria muito mais forte. Mais uma vez, estava ali o dedo dos adversários sindicais. Foi um sofrimento.[17]

A Chapa da Oposição, mesmo com forte apoio da base, perde e as suspeitas de fraude foram grandes. O candidato da situação utilizou-se de práticas assistencialistas e da estrutura sindical e do apoio dos órgãos oficiais. Segundo Anísio Batista, os votos nem foram contados direito, algumas urnas nem foram lacradas ou abertas depois.

> Foi assim: não foram nem contados os votos, basicamente. A fraude era tão vergonhosa que vou dar um exemplo para vocês: na fábrica Aliperti, a gente tinha uma organização muito grande, forte. Tínhamos mais ou menos novecentos sócios, seiscentos eram certeza que votariam na gente, no mínimo. Quando abriram as urnas da Aliperti, foi o inverso (DIAS, 2004, p. 2420).

As eleições foram anuladas por causa da fraude, e seriam convocadas novas eleições, mas em uma manobra política, Joaquin-

---

17 Entrevista de Ana Dias. Correspondências de Santo Dias. *Fundo Santo Dias*. Centro de Documentação e Memória (Cedem) da Universidade Estadual de São Paulo (Unesp).

Santo Dias: a construção da memória

zão, líder da chapa "pelega", tomou posse, mesmo sendo enviados três mandados de segurança que impediam essa posse.

Mesmo com a derrota, foi possível à oposição mostrar aos trabalhadores que a estrutura sindical vigente refletia a exploração e a repressão por parte do regime militar. Era necessário, segundo Santo Dias, enfrentar essa estrutura a partir da base e da mobilização, que continuou.

A morte de Santo Dias ocorreu justamente em uma situação de luta e mobilização dos trabalhadores. Nesse sentido, seu legado e militância foram incorporados pelos seus companheiros e esse aspecto é essencial para a compreensão de sua memória e de como ela foi constituída.

CAPÍTULO III
SANTO DIAS, LUGARES FRAGMENTOS DA MEMÓRIA

Historiador

Veio para ressuscitar o tempo
e escalpelar os mortos,
as condecorações, as liturgias, as espadas,
o espectro das fazendas submergidas,
o muro de pedra entre membros da família,
o ardido queixume das solteironas,
os negócios de trapaça, as ilusões jamais confirmadas
nem desfeitas.
Veio para contar
o que não faz jus a ser glorificado
e se deposita, grânulo,
no poço vazio da memória.
É importuno,
sabe-se importuno e insiste,
rancoroso, fiel[1]

---

1   Carlos Drummond de Andrade, in *A Paixão Medida*

ACERVO DO CEDEM, FUNDO SANTO DIAS

Os arquivos pessoais possuem como característica a preservação da memória de um indivíduo, mas é preciso lembrar que, por mais documentado que seja um arquivo, ele sempre será composto por fragmentos e lacunas. Diferente do acervo pessoal de Miguel Calmon du Pin e Almeida, é construída a partir da entrega de seu acervo pessoal por sua esposa, o fundo Santo Dias foi formado em grande parte por documentos reunidos pela família, mas entregues por companheiros de militância após a sua morte, portanto não se caracteriza enquanto acervo pessoal.

A memória tem como característica a fragmentação e a história também, ou seja, o passado não pode ser representado como um todo e de forma definitiva.

> Os tempos dos lugares são esse momento preciso em que um imenso capital que vivíamos na intimidade de uma memória desaparece para viver apenas sob o olhar de uma história reconstituída [...] Os lugares de memória são, antes de mais nada, restos. A forma extrema em que subsiste uma consciência comemorativa numa história que a convoca, pois a ignora. É a desritualização de nosso mundo que fez aparecer a noção [...] Museus, arquivos, cemitérios e coleções, festas, aniversários, tratados, averbações, monumentos, santuários, associações, são os remanescentes testemunhos de uma outra era, ilusões de eternidade. Daí o aspecto nostálgico desses empreendimentos de piedade, patéticos e glaciais. São rituais de uma sociedade sem ritual [...] signos de reconhecimento e de pertença de grupo numa sociedade

Santo Dias: a construção da memória

que tende a reconhecer tão-somente indivíduos iguais e idênticos[2]

A simples escolha do personagem a ser lembrado e o que deve ser lembrado já se constitui como um elemento de fragmentação da memória e do passado. Mas é preciso dizer que nos silêncios, nas lacunas e nas escolhas feitas pelos organizadores dos arquivos também se encontram os discursos que prevalecem e são esquecidos no processo de constituição da memória.

A história, seja ela dos vencedores ou dos vencidos, é feita de escolhas e, portanto, a relação do historiador com o arquivo também é constituída de escolhas e questões a serem respondidas.

Os lugares da memória surgem a partir de perspectivas e de relações de poder sobre o que deve ser lembrado e fazer parte da memória coletiva. E é evidente que os conflitos e antagonismos em relação ao passado nunca estão por completo terminados, já que os silêncios e omissões podem também ser motivos de novas indagações.

De acordo com Nora (1996), as diferenças entre "lugares de história" e "lugares de memória" começam no momento em que há uma aceleração da história, causando assim uma ruptura entre ambas, fazendo com que se percam as tradições, experiências e costumes. Os "lugares de história" são onde se encontram instrumentos para seu estudo, como os arquivos, bibliotecas, dicionários, museus, cemitérios, santuários etc. Ou até mesmo a memória de testemunhas de outra época.

Se habitássemos ainda nossa memória, não teríamos necessidade de lhe consagrar lugares. Não haveria lugares porque não haveria memória transportada pela história. Cada gesto, até o mais cotidiano, seria

---

2   NORA, P. Entre Memória e História: a problemática dos lugares. *Projeto História*, nº 10, dezembro de 1996, p. 12.

> vivido como uma repetição daquilo que sempre se faz, numa identificação carnal do ato e do sentido. Desde que haja rastro, distância, mediação, não estamos mais dentro da verdadeiramemória, mas dentro da história (NORA, 1996, p. 8).

Segundo Nora (1996), a história se desenvolve como um exercício regulado da memória, contudo faz nascer uma grande preocupação historiográfica, pois tenta se livrar da memória propondo uma história da história, ou seja, uma consciência historiográficaem que seu estudo se basearia em uma idade historiográfica x um momento histórico, o que causaria o fim de uma tradição de memória.

Os "lugares de memória" baseiam-se em resíduos do passado, a sociedade também se utiliza da memória, principalmente para a conservação e transmissão de valores impostos pela Igreja, pela escola, pela família ou até mesmo pelo Estado, mas a memória também pode ser vista como fonte ideológica. Na maioria dos casos ela não é espontânea, mas necessita de "lugares de memória" para que não caia no esquecimento.

> Os lugares de memórianascem e vivem do sentimento de que não há memória espontânea, que é preciso criar arquivos, que é preciso manter aniversários, organizar celebrações, pronunciar elogios fúnebres, notariar atas, porque essas operações não são naturais (NORA, 1996, p. 13).

Isso acontece porque as pessoas não vivem verdadeiramente suas lembranças, pois acabam vivendo sobre uma memória reconstituída pelo material concreto ou simbólico em que elas possam ancorar suas lembranças.

Abreu (1996) procura mostrar como a memória de um personagem, Miguel Calmon du Pin e Almeida, é construída a partir da

Santo Dias: a construção da memória 113

entrega de seu acervo pessoal por sua esposa, Alice da Porciúncula Calmon du Pin e Almeida, ao Museu Histórico Nacional em 1936, pois desde o início demonstra o desejo pela posteridade e, portanto, um espaço de poder na memória coletiva nacional. Por meio da organização e dos objetos escolhidos para o acervo é possível entender as partes das relações de poder estabelecidas por um membro importante da elite política brasileira do início do século XX.

Alice, a viúva de Miguel Calmon, viu na doação do acervo do marido ao Museu Histórico Nacional uma forma de consolidá-lo como uma das personalidades mais importantes da história nacional, em uma época em que a história era vista como aquela feita pelas grandes personalidades. Figurar entre essas personalidades garantia poder e prestígio.

O estudo de Abreu (1996) aponta os meios e a forma que Alice Porciúncula Calmon du Pin e Almeida encontrou para colocar a memória do marido entre os destaques do Museu Histórico Nacional.

Segundo Abreu, para a abordagem sobre as "estratégias de consagração" no Brasil, no caso do acervo dedicado a Miguel Calmon du Pin e Almeida, é necessário fazer os seguintes questionamentos sobre sua formação e as intenções em relação à coleção. Entender o processo de elaboração do acervo é importante, pois ajuda a interpretar os sujeitos sociais que ajudaram a construir a memória do personagem e, em consequência, suas intenções, silêncios, lacunas e escolhas.

> Estamos em 1935, e uma senhora, após a morte do marido, resolve doar um conjunto de objetos a um museu. Quem é a senhora? Quem é o marido dessa senhora? Para que museu os objetos são doados? Como se caracteriza esse museu? Qual a sua filosofia? Quem o dirige? Para que e para quem ele funciona? Quais os objetos

> escolhidos para serem doados? Como se processou essa escolha? Como esses objetos são incorporados pelo museu? Que lugar eles ocupam na hierarquia institucional? Quais os significados que eles encerram? (ABREU, 1996, p. 28).

Esses questionamentos, dos quais a autora parte para entender o processo de formação do acervo, são fundamentais, pois através dessas questões e do legado material deixado pela senhora Calmon é possível, conforme Abreu (1996), interpretar parte do universo mental das elites aristocráticas das primeiras décadas do século XX.

Alice Porciúncula Calmon du Pin e Almeida encontrou no sobrinho, Pedro Calmon, historiador que tinha relações com Gustavo Barroso, diretor do Museu Histórico Nacional na época, um caminho propício para realizar seu objetivo de construir um espaço de destaque para seu marido, Miguel Calmon, na memória nacional.

> Confidenciou ao sobrinho a intenção de fazer uma doação ao museu dos bens que haviam pertencido ao marido. Pedro Calmon aprovou imediatamente a idéia. O Museu Histórico Nacional era dirigido por Gustavo Barroso, o mesmo do movimento integralista, do qual era um dos principais líderes. Gustavo Barroso era um escritor muito conhecido, que freqüentava instituições renomadas, como a Academia Brasileira de Letras e o Instituto Histórico Geográfico Brasileiro. Detinha um dom especial para a oratória, despertando entusiasmos com seus discursos. Comentava-se, naquela época, que ele desfrutava da amizade particular do presidente Getúlio Vargas (ABREU, 1996, p. 28).

Santo Dias: a construção da memória

A criação do espaço dedicado a Miguel Calmom Du Pin e Almeida no Museu Histórico Nacional fazia parte da concepção clara de Gustavo Barroso de construir uma "história das elites". Elite essa que, em sua visão, teria construído a nação brasileira. Durante o tempo em que Gustavo Barroso esteve na direção do museu, os grandes personagens, como Duque de Caxias, D. Pedro I, D. Pedro II e Almirante Tamandaré, ocuparam nele um lugar de honra. A coleção de Miguel Calmon também gozou de uma ampla sala no museu. E mesmo após a doação da viúva, ainda se atribuíam inúmeros privilégios a ela em relação ao cuidado dos objetos, uma verdadeira confusão entre o público e o privado.

Mesmo durante décadas de exposição, com a morte de Gustavo Barroso, os acervos pessoais acabaram dando espaço a outras perspectivas que valorizavam mais a memória coletiva e novas concepções de história, em que os objetos e espaços dedicados somente às elites passaram a não ter maislugar cativo.

a orientação imprimida pelo comandante Léo Fonseca e Silva marcou o rompimento com o museu-memória de Barroso e o início de um museu-narrativa. Em outras palavras, o Museu Histórico Nacional tendeu, a partir desse momento, a privilegiar uma narrativa histórica, onde a memória coletiva foi sendo eclipsada. Neste contexto, o circuito de exposições foi reformulado para dar lugar a uma lógica evolutiva. Rompia-se, assim, com as exposições baseadas nas grandes coleções. As salas dedicadas aos grandes personagens foram desmontadas, e os objetos, reunidos em depósito. Nesse novo formato de museu, pouca atenção foi conferida às procedências dos objetos. A partir de então, os grandes doadores não mais desfrutariam de quaisquer privilégios (ABREU, 1996, p. 206).

A coleção Miguel Calmon du Pin e Almeida foi desmontada ainda na gestão do comandante Léo Fonseca e Silva, e hoje é possível ter acesso a apenas alguns objetos de forma incompleta em armários e na reserva técnica do museu.

> Contudo, se, em termos físicos, a coleção encontra-se hoje desmembrada, impossibilitando a visualização do conjunto, por outro lado, a organização e a catalogação do acervo segundo modernos critérios que incluem a informática, vêm possibilitando a recuperação de algumas preciosas informações sobre os objetos. A Coleção Miguel Calmon, como muitas outras do "Museu do Barroso", encontra-se preservada nas telas dos computadores que hoje são uma realidade no Museu Histórico Nacional. Desse modo, essa e outras coleções, embora não mais expostas como tal, encontram-se recuperadas enquanto documentos (ABREU, 1996, p. 206).

O trabalho de Abreu (1996) aborda de maneira pertinente a utilização de um lugar de memória como forma de consagração de um personagem, no caso, o engenheiro Miguel Calmon du Pin e Almeida, assim como os bastidores que envolveram a construção da memória deste.

As diretrizes institucionais em relação à política cultural influenciaram diretamente nas mudanças em relação à abordagem do museu, assim como no espaço mnemônico que Miguel Calmon du Pin e Almeida ocupava no Museu Histórico Nacional.

Santo Dias: a construção da memória

A relação entre o historiador e o arquivo é condicionada por vários fatores: institucionais, políticos, técnicos e sobretudo metodológicos. Nesse sentido, a pesquisa vai além da problemática que o historiador apresenta, ligando-se diretamente às relações estabelecidas tanto com as fontes quanto com a busca e o acesso a estas.

O historiador, quando elabora um projeto de pesquisa e estabelece objetivos para seu projeto, na medida em que o trabalho avança, pode se deparar com limitações e também com surpresas, mesmo que já conheça parte do acervo.

A relação do historiador com o acervo é também marcada pela experiência concreta da pesquisa, na qual o historiador também é colocado diante de questões materiais, técnicas, metodológicas e de disponibilidade e característica das fontes. Portanto, o trabalho de pesquisa não acontece de forma unilateral entre o historiador e a fonte, mas é condicionado por outras variáveis notadamente complexas do social.

O acervo pessoal tem uma característica peculiar, o cuidado, pois mesmo cedido a uma universidade, ele faz parte de um legado familiar, afetivo e que necessita de sensibilidade por parte do pesquisador no seu trabalho e na utilização da documentação, muitas vezes sujeitos à autorização da família. Mas o cuidado não deve ser confundido com censura. Romper com idealizações, desconstruir discursos e interpretar os silêncios é essencial para analisar a construção da memória de um personagem. O acervo Santo Dias não pode ser considerado um acervo pessoal porque a maior parte da documentação foi reunida após sua morte e por diferentes grupos sociais como pastorais, sindicatos e movimentos de bairro.

Os chamados "lugares da memória", segundo Nora, não se resumem à documentação material das elites e de figuras importantes, mas se constitui a partir de novos lugares e também de novos sujeitos históricos que compõem a sociedade.

Um importante fato na formação de acervos dedicados à história social é o arquivo Edgard Leuenroth, que foi comprado em

1974 junto à sua família pela Unicamp e funcionou durante quase dez anos de forma clandestina, pois abrigava uma documentação importante sobre o movimento operário e a esquerda brasileira. O arquivo funcionou no Instituto de Filosofia e Ciências Humanas graças ao empenho dos professores e dirigentes da Unicamp. Foi possível, a partir dessa documentação, criar posteriormente um arquivo de história social (CAMARGO, 1999, p. 56).

Para o fortalecimento da pesquisa, principalmente no que se refere às ciências humanas, é necessária uma política séria de investimento na manutenção e formação de centros dedicados à preservação documental do patrimônio histórico e documental do Brasil, mas essa preocupação é recente e atribuída quase sempre às universidades.

No Brasil, durante muito tempo houve negligência em relação ao patrimônio documental e histórico. As universidades, com a necessidade de avanços em relação à pesquisa a partir da década de 1970, começaram a criar paulatinamente centros dedicados à memória e ao patrimônio histórico, sendo muitos deles ligados a museus.

Segundo Camargo, centros de memória e documentação são característicos das universidades brasileiras, sendo dedicados aos arquivos e também aos museus. O Cedem, utilizado em minha pesquisa, é o Centro de Documentação e Memória da Unesp, ou seja, faz parte da universidade.

> Os centros de memória e documentação tornaram-se característicos das universidades brasileiras, preservando o patrimônio arquivístico e, em alguns casos, até parte do patrimônio museológico. Apenas o patrimônio bibliográfico foi mantido como principal atividade das bibliotecas universitárias. Mesmo assim, delas não costumam fazer parte as coleções históricas de jornais ou regionais, coleções fotográficas,

Santo Dias: a construção da memória

> iconográficas e cartográficas que podem ser objeto de tratamento dessas unidades (CAMARGO,1999, p. 56).

Os centros de documentação das universidades transformaram-se em centros de pesquisas importantes para pesquisadores, tanto para os alunos e professores quanto para pessoas não ligadas diretamente à universidade. Isso propiciouaos pesquisadores a viabilização de suas pesquisas e a especialização em mais temáticas com a disposição e reunião dessas fontes de pesquisa.

Além de ajudar na pesquisa, os centros de documentação também puderam, ao longo do tempo, ser repensados a partir das próprias abordagens e reflexões a respeito da memória coletiva e das temáticas abordadas pelos historiadores.

Além da instituição, as diretrizes daquilo que deve ser preservado e, pertanto, visto como documento histórico é extremamente importante para a formação dos arquivos.

> Muitos desses centros transformaram-se em centros de pesquisa e memória social importantes, destacando-se não apenas pelo papel fundamental que passaram a desempenhar na criação de condições para a prática e o exercício da pesquisa, como pela produção intelectual que viabilizaram a partir da reunião de pesquisadores em torno de suas temáticas de especialização. É preciso lembrar ainda que esses centros passaram a cumprir uma função muito importante no conjunto da produção acadêmica: a de reunir fontes e informações [...] tanto para o usuário interno (alunos e professores) como para o público externo de pesquisadores, mesmo aqueles não ligados

à comunidade universitária (CAMARGO, 1999, p. 57).

Segundo Camargo, na década de 1970 foi estimulada a criação de centros de documentação nas universidades pelo Ministério da Educação que, na gestão de Ney Braga, colocou como função das universidades brasileiras a preservação dos acervos documentais do Brasil. A autora aponta que essa iniciativa parece ter como modelo as universidades americanas.

> A matriz dessas iniciativas parece estar originada em iniciativas similares anteriores, promovidas pelas universidades americanas. A partir as bibliotecas e arquivos particulares de ex-presidentes dos EUA, por exemplo, montaram-se memoriais ou centros de documentação que se tornaram paradigmas para as universidades de todo o mundo, incluindo o Brasil. Hoje, as grandes universidades brasileiras são dotadas desse tipo de centro, a serviço das ciências humanas e sociais (CAMARGO, 1999, p. 58).

A pesquisa e as novas perspectivas em relação aos documentos e fontes e ao que seja uma fonte possibilitaram para os pesquisadores, principalmente relacionadosàs ciências humanas, repensar os arquivos e descobrir nas documentações novas possibilidades de abordagem desses objetos de pesquisa. A história, assim como as outras ciências humanas, tem, portanto, além da acolhida de novas fontes para seus arquivos nas universidades, a possibilidade sempre de redescoberta destas com sentido argumentativo e de análise.

> Há um outro aspecto que merece lembrança, para que possamos compreender como se formaram os centros de nossas universi-

dades. Inquietações da historiografia, da antropologia, da ciência política, das ciências humanas em geral, especialmente nos anos 60 e 70, geraram a abordagem de novos temas. Portanto, descobrem-se novas fontes ou se redescobrem aquelas que, já utilizadas, podem ser lidas e manejadas de uma outra forma. Esse é o movimento que faz o acadêmico, o cientista social, o historiador.[3]

A relação do historiador com os arquivos ajuda a lançar um novo olhar sobre eles a partir não somente do seu conteúdo, mas também da ausência deste. O Cedem, Centro de Documentação e Memória da Unesp, foi fundado a partir de núcleos de pesquisa de historiadores que tinham o objetivo de criar um centro de arquivos e de levantar documentações sobre a história da Unesp. O acervo do Cedem, desde outubro de 1996, encontra-se disponível para consulta e tem como característica a dedicação de grande parte do acervo à esquerda brasileira, destacando-se os acervos de Mario Pedrosa, do PCB, de movimentos sociais diversos e do fundo Santo Dias, objeto de minha pesquisa.[4]

O Fundo Santo Dias, pertencente ao Centro de Documentação e Memória da Unesp, apresenta como peculiaridade ser um dos poucos casos de acervos no Brasil dedicados a um único operário.

Os acervos geralmente tendem a reunir documentação de intelectuais, políticos, artistas ou mesmo de militantes de esquerda, ou seja, mesmo os arquivos dedicados à classe operária tendem a abordar os personagens de forma coletiva. O acervo Santo Dias,

---

3   CAMARGO, Célia Reis. Os centros de documentação nas universidades: tendências e perspectivas. In: SILVA, da Lopes Zélia (org.) *Arquivos, Patrimônio e Memória, trajetórias e perspectivas*. Editora Unesp, São Paulo, 1999, p. 58.

4   CORREA, Anna Maria Martinez. Os Centros de Documentação e Memória da Unesp. O Centro de Documentação e Memória (Cedem). In: SILVA, da Lopes Zélia (org.) *Arquivos, Patrimônio e Memória, trajetórias e perspectivas*. Editora Unesp, São Paulo, 1999, p. 80-81.

formado a partir da documentação reunida por seus familiares, tem a importância de ser um acervo dedicado a um único operário e por isso valoriza a memória dos trabalhadores enquanto indivíduos e sujeitos da história.

A ideia de formar um acervo dedicado à memória de Santo Dias, segundo sua filha, Luciana Dias, foi de um amigo da família, Istivan Jankynson, que na época da morte de Santo Dias comprou todos os jornais que falavam sobre o fato e resolveu, a partir desse momento, juntar todos os documentos sobre ele. A partir de então, Ana Dias, a viúva, passou a reunir tudo sobre Santos Dias que fosse produzido por amigos, entidades ou igrejas.

> A primeira pessoa a montar um pequeno arquivo sobre a morte e os acontecimentos pós-morte de Santo Dias foi um amigo da família, Istivan Jankynson, que no dia da morte comprou todos os jornais do dia e fez cinco álbuns de recortes sobre tudo o que aconteceu com SANTO DIAS e sobre a greve.[5]

A documentação foi sendo reunida pela família através dos anos e dos eventos e celebrações realizadas pelos movimentos de pastorais e companheiros de luta que procuraram, de inúmeras formas, lembrar-se de Santo Dias.

Os documentos foram durante anos guardados em caixas e sacos plásticos, pois a família não tinha experiência sobre a melhor forma de conservar o acervo.

Para a formação do Fundo Santo Dias, foi de suma importância a decisão de Luciana Dias de escrever um livro sobre a memória de seu pai. Para a consolidação de seu objetivo, contou com ajuda da jornalista Jô Azevedo e da fotógrafa Nair Benedicto.

---

5   Entrevista com Luciana Dias.

Para Luciana Dias, o objetivo principal de escrever o livro e depois doar a documentação para o Cedem foi relatar não somente a memória de seu pai, mas também de sua mãe, Ana Dias, e da luta que juntos enfrentaram com outros companheiros. Junto com Santo Dias são trazidas também narrativas de pessoas simples e das dificuldades enfrentadas por grande parte dos trabalhadores de sua época.

> Era de suma importância registrar a história de luta não somente de SANTO DIAS, mas também de sua esposa e companheira, ANA DIAS, pois eles faziam tudo junto, tanto que até no dia da morte eles fizeram porta de fábrica juntos, ela voltou para casa e ele foi se reunir com o comando de greve[6]

A publicação do livro *Santos Dias: quando o passado se transforma em história*[7] influenciou na formação do acervo Santo Dias, na busca de pessoas que conviveram com ele e de documentações, ajudando também a enriquecer o acervo que já era variado e numeroso, também havendo a necessidade de procurar profissionais para ajudar a catalogar e higienizar a documentação.

> Na verdade, fomos buscando todo o arquivo onde sabíamos que podíamos encontrar alguma coisa que nos ajudariam na escrita do livro, lemos muitos documentos, muitas teses, livros e depois passamos para os cuidados de um bibliotecário Eduardo Fahl e Vanessa que foram selecionando os arquivos, transcrevendo as entrevistas e higieni-

---

6   Entrevista com Luciana Dias

7   DIAS, Luciana; AZEVEDO, Jô & BENEDICTO, Nair. *Santo Dias: quando o passado se transforma em história*. São Paulo, Cortez, 2004.

zando toda a documentação para ser doada posteriormente para o CEDEM.[8]

A elaboração do livro foi essencial para a criação do acervo, pois a partir do trabalho de reunião e de tratamento das fontes foi possível organizar o Fundo Santo Dias.

Além da documentação reunida pela família, outras pessoas também colaboraram para a formação do acervo Santo Dias, com doações de documentos de vários tipos, como panfletos, jornais e periódicos. São muitas as correspondências, fitas e depoimentos de pessoas que conviveram com Santo Dias e contribuíram para a formação de sua memória.

> Várias pessoas nos ajudaram com seus documentos e arquivos pessoais, como Luis Eduardo Greenhalg, Comissão Justiça e Paz, Centro Pastoral Vergueiro, amigos que doaram suas documentações pessoais, como toda a coleção encadernada do Jornal "O Movimento", doado pelo casal Conrado e Araci.[9]

Nesse sentido, a memória de Santo Dias expressa nas variadas documentações é múltipla e ao mesmo tempo fragmentada, pois é o resultado de fontes reunidas por diferentes pessoas, instituições e movimentos populares. Fontes essas que expressam também diferentes perspectivas em relação ao personagem lembrado.

A reunião de toda a documentação para a elaboração do livro ocorreu, segundo Luciana Dias, durante um período de dois anos aproximadamente, tendo sido necessário muito esforço para a concretização do trabalho, entre entrevistas, leituras e pesquisas.

---

8   *Idem.*

9   Entrevista com Luciana Dias.

Santo Dias: a construção da memória 125

De acordo com a família, as maiores dificuldades para a formação do acervo foram a falta de experiência em relação à conservação da documentação e a quantidade, já que muitos objetos e escritos necessitavam de tratamentos e conservação diferenciada de especialistas.

> Falta de experiência da família que só foi reunindo tudo em caixas e sacos plásticos de forma bem caseira. A grande diversidade de documentos, como panfletos, boletins, cartas, livros, cadernos, poesias, manuscritos, músicas, CDs, etc.[10]

Conforme Luciana Dias, mesmo com as dificuldades, o trabalho teve boa aceitação por parte das pessoas que leram o livro e visitaram o acervo para pesquisar ou saber mais sobre Santo Dias. As diversas pessoas que visitaram o acervo aprovaram a organização e o trabalho feito, assim como a mídia, quando vem à procura de informações, que tem no acervo um material importante para sua pesquisa e informação. Assim avaliou o resultado do seu trabalho Luciana Dias.

> Depois da doação muitas pessoas que visitaram e consultaram o CEDEM só tem elogiado o tratamento e a organização dos mesmos, bem como quando alguma mídia quer fazer uso das informações eles entram em contato com a família.

Segundo a documentadora Vanessa Miyash, também responsável pela organização da documentação de Santo Dias no Cedem, após a elaboração do livro, a documentação foi enviada coma mesma divisão e organização deixada pelos familiares e assessores, ficando para a instituição definir o espaço destinado à documenta-

---

10   *Idem.*

ção. Os funcionários do Cedem também confirmaram a informação quanto ao *layout* do acervo.

> Primeiro recolhemos todo o arquivo da família e selecionamos com ajuda de um bibliotecário todos os documentos existentes e livros também, tudo foi usado por nós para escrever o livro e depois doamos para utilização de pesquisadores e interessados para o CEDEM.[11]

O conteúdo do acervo está ligado ao processo de elaboração do livro, pois toda a documentação foi reunida com o objetivo principal de produzir o livro sobre Santo Dias. Portanto, é possível estabelecer um diálogo entre as abordagens e suas relações no processo da construção da memória de Santo Dias.

O Fundo Santo Dias, em relação à tipologia e à quantidade de documentos, pode ser descrito da seguinte forma na tabela abaixo;

Descrição das fontes	Quantidade de exemplares
Correspondências familiares	19
Fotos familiares	9
Documentos pessoais	12
Correspondências (atividades políticas)	48
Relatórios do Movimento Custo de Vida	5
Panfletos da Oposição Sindical Metalúrgica e do Movimento Custo de Vida	82

---

11   Entrevista com Luciana Dias.

Boletins do Movimento Custo de Vida	2
Textos de Formação	17
Cartilhas de formação (sindical e pastoral)	61
Artigos de jornal do Movimento Custo de Vida	222
Documentos Pós-Morte	
Correspondências (Homenagens / Solidariedade)	541
Artigos em jornal	470
Relatórios e atividades políticas	41
Documentos diversos (textos, cópias)	212
Boletins informativos do Movimentos Custo de Vida, da Oposição Sindical Metalúrgica e dos movimentos pastorais e sociais	108
Entrevistas	4
Revistas sobre diversos assuntos	36
Cartazes	32
Homilias	46
Panfletos	169
Audiovisuais	35 fitas cassetes
Fotos (eventos, inaugurações e julgamento do soldado Herculano)	506
Slides	811
Poesias e músicas	17
Dissertação de mestrado sobre Santo Dias	1
Proposta de canonização de Santo Dias	1

Textos diversos/pastorais sociais e MCV	108
	Total: 3.615 unidades

A maioria da documentação foi reunida e produzida após a morte de Santo Dias, sendo divida em diversos tipos de documentação. Muitos dos documentos possuem um conteúdo que se repete, principalmente em relação ao acervo pós-morte, caracterizado por homenagens que estão presentes em grande parte do acervo.

Em relação às atividades políticas[12] de Santo Dias, o que mais aparece no acervo é sua participação ativa no Movimento Custo de Vida e na Oposição Sindical Metalúrgica. As evidências estão na quantidade de boletins e panfletos informativos referentes a esses movimentos.

O acervo Santo Dias é composto por documentos iconográficos como fotos, *slides*, documentos escritos, como correspondências, letras de músicas, panfletos, jornais e também por audiovisuais, constando de cerca de 3.615 documentos registrados na base de dados do Cedem.

As correspondências familiares tratam de temas relativos à vida pessoal de Santo Dias, principalmente do momento em que veio morar em São Paulo, deixando a família e sua namorada em Viradouro. Sua principal interlocutora nessas cartas foi justamente sua namorada, Ana Dias, que tempos depois viria a tornar-se sua esposa. As fotos familiares são geralmente imagens de momentos de recreação e de interação familiar e comunitária. Imagens da construção de sua casa, da igreja da qual participava, de seus amigos e familiares ajudam a entender a boa convivência de Santo Dias nos vários ambientes pelos quais passou.

---

12 Termo utilizado pelo Cedem para descrever a participação de Santo Dias no sindicato e nos movimentos sociais.

Figura 9 – Santo Dias e seus familiares e amigos, 1969.

Entre os documentos pessoais de Santo Dias, encontram-se também certificados de cursos, pois por várias vezes durante sua vida tentou ascender dentro de sua empresa, mas não teve muitas oportunidades para ocupar cargos de melhor remuneração.

As correspondências referentes à sua militância política são em sua maioria recebidas e endereçadas ao Movimento Custo de Vida e à Oposição Sindical Metalúrgica de São Paulo com assuntos referentes a reuniões e decisões a serem tomadas nas diversas mobilizações de que participava. Os relatórios têm como conteúdos as reuniões e mobilizações do Movimento Custo de Vida.

Os panfletos, boletins, textos e cartilhas de formação são dedicados à formação dos militantes e principalmente a lideranças do Movimento Custo de Vida, da Pastoral Operária, das CEBs e de outros movimentos próximos à Teologia da Libertação.

Nessas formações, os militantes apreendiam de forma bastante didática a conjuntura social e política do Brasil da época e as perspectivas do movimento operário para superar essas supostas contradições.

Os artigos de jornal do período em que Santo Dias estava vivo são geralmente referentes às atividades do Movimento Custo de Vida que, naquele momento, realizou várias mobilizações de conscientização e de enfrentamento da política econômica do regime militar, contestando o poder de compra dos salários em relação às necessidades básicas dos trabalhadores.

As entrevistas são com os familiares e com pessoas que conviveram com Santo Dias, e falam sobre a convivência com ele, as dificuldades e desafios enfrentados na época. Talvez a entrevista mais interessante tenha sido a concedida por Ana Dias, ao falar do apoio e das preocupações com o envolvimento do marido na Igreja e no sindicato, e também dos pequenos conflitos que as escolhas de Santo Dias geraram em uma época conturbada em que suas opções políticas poderiam lhe custar a vida, o que de fato ocorreu. No trecho abaixo, Ana Dias fala sobre as dificuldades que passou quando Santo Dias foi demitido de seu emprego, no caso, da empresa Metal Leve, após o registro de sua chapa na eleição sindical.

> e ele foi mandado embora. Foi uma das piores coisas da vida dele, porque ele tava sonhando com a participação naquela chapa, assim como uma conquista dos operários [...] Ele iria ser vice-presidente do sindicato.[13]

As revistas abordam diversos assuntos e em geral foram produzidas pelo Movimento Custo de Vida, pelo Centro Santo Dias, pela Pastoral Operária e pelas associações de bairro. Elas abordam as assembleias e as reivindicações. As características dessas publicações são muito mais próximas as de um panfleto informativo do

---

13 *Fundo Santo Dias.* Centro de Documentação e Memória (Cedem) da Universidade Estadual de São Paulo (Unesp).

Santo Dias: a construção da memória   131

que as de uma revista comercial. A linguagem utilizada é sempre uma convocação à luta e à mobilização frente às causas sociais.

Os cartazes foram produzidos pela Pastoral Operária para homenagear o aniversário da morte de Santo Dias. Alguns deles trazem temáticas atuais, mas sempre com a imagem do operário. Os cartazes também funcionam como convites para celebrações religiosas e atos públicos em memória de Santo Dias no dia 30 de outubro, no local onde foi assassinado.

Figura 10 – Cartaz da Pastoral Operária, 1989[14]

No cartaz, as pessoas são convidadas a participar de uma celebração religiosa e de um ato público em memória de Santo Dias. Nota-se a imagem de Santo Dias sorridente e, ao fundo, o

---
14 *Fundo Santo Dias*. Centro de Documentação e Memória (Cedem) da Universidade Estadual de São Paulo (Unesp).

contraste entre as realidades do campo e da cidade, com os dizeres "10 anos de luta e esperança", em uma evidente manifestação em relação ao aniversário da morte do operário e do seu legado de luta segundo os organizadores, no caso, a Pastoral Operária.

O termo homilia[15] vem do grego *Homiletikos*, de *homilos* (montar em conjunto, conversa em família), um dos ramos da retórica antiga. Dentro da liturgia católica, é o sermão do sacerdote que ocorre geralmente após a leitura do evangelho. As homilias do acervo fazem referência geralmente à morte de Santo Dias e à sua dedicação aos movimentos sociais. Sua morte é geralmente associada ao martírio daqueles que entregaram sua vida em prol do evangelho e da justiça.

Os panfletos falam sobre Santo Dias e de como seu exemplo de luta em favor dos trabalhadores deveria servir de motivação para continuar a luta, seja nos sindicatos, nas associações de bairro ou nas pastorais sociais da igreja.

Os audiovisuais possuem entrevistas, músicas gravadas em homenagem a Santo Dias, filmagens sobre comemorações envolvendo a memória desse operário, enfim, um material bastante fragmentado e composto por distintas narrativas e produções culturais que remetem ao personagem Santo Dias.

As fotos pós-morte do fundo Santo Dias foram, em grande parte, produzidas durante eventos que rememoravam sua morte, em homenagens e celebrações em busca de justiça em relação ao policial acusado de matá-lo, o soldado Herculano. Também se destacam fotos tiradas durante o percurso de seu velório, em que o fotógrafo Ricardo Alves pôde retratar a enorme comoção que o assassinato de Santo Dias causou na população da época.

Os *slides* retratam o julgamento do soldado Herculano, responsável pelo disparo que assassinou Santo Dias. Em 1982, o sol-

---

15   MCKENZIE, John L. *Dicionário Bíblico*. Trad. Álvaro Cunha, São Paulo, Ed. Paulinas, 1983, p. 429.

Santo Dias: a construção da memória

dado Herculano Leonel foi condenado a seis anos de prisão, mas recorreu e o processo foi arquivado.

No acervo existem também letras de músicas e poesias dedicadas a Santo Dias, quase todas com conteúdo de contestação social, mas também de cunho religioso. Muitas dessas canções tornaram-se parte das celebrações nas comunidades de base, nas pastorais sociais (Pastoral Operária, Pastoral da Terra, Pastoral da Juventude, CEBs etc.), além de nas associações de bairro.

O principal aspecto dessa produção cultural é que ela foi feita por pessoas simples, próximas a Santo Dias, e retratam seus anseios e esperanças, mas também recordam tempos difíceis.

> Companheiro Santo
> Você está presente
> No coração do povo
> Na voz da nossa gente
> Você não morreu
> Seu sangue
> É uma semente
> Que faz brotar no peito
> Que faz crescer na mente
> De cada operário
> Tornando-o consciente
> Da união do povo
> Que forma uma corrente
> Que liberta do medo
> E o faz mais resistente...
>
> *Música Companheiro Santo*

A música "Companheiro Santo" faz parte das composições que abordam a vida de Santo Dias como tema. Nessa parte do acervo existem várias outras canções e poemas que pretendo analisar posteriormente, pois essas produções artísticas contêm falas e discursos que ajudam a contemplar o processo de construção da memória de Santo Dias.

A dissertação de mestrado em Ciências da Religião foi escrita por Sílvio Luiz Sant'Anna, formado em História pelo programa de pós-graduação da PUC de São Paulo, com o título: *Santo dos nossos dias; fé, política e compromisso social no cotidiano de luta de um operário na Paulicéia dos anos 70.* Nesse livro, além de descrever parte da trajetória de Santo Dias, o autor aborda questões de cunho religioso, sendo que sua vida e o cotidiano do operário são confrontados com as perspectivas conceituais, discursivas e até messiânicas de setores progressistas da Igreja Católica e da realidade social brasileira.

> O povo do qual Santo fazia parte, vindo dos mais diversos e remotos rincões do Brasil, estava prenhe de experiências messiânicas de seus antepassados, vividos em tempos imemoriáveis, que dado à emergência dos acontecimentos daqueles dias vividos nos 1970, vinham à tona em forma de cantos populares, de causos, que se confundiam com a realidade, parecendo que a qualquer momento haveria a irrupção de um novo ciclo de prosperidade para o povo.[16]

Por último se encontram textos variados do Movimento Custo de Vida, das Pastorais Sociais, sendo que alguns falam sobre Santo Dias, outros não. Entre os textos, existe até uma proposta de canonização de Santo Dias dada sua importância para a luta dos trabalhadores.

Nessa breve descrição do acervo Santo Dias é possível perceber a variedade de documentação e ao mesmo tempo a forma fragmentar em que esta se apresenta. A busca de um sentido de explicação pode ser possível dentro de uma perspectiva interpre-

---

16 SANT' ANNA, Silvio Luiz. *Santo dos nossos dias; fé, política e compromisso social no cotidiano de luta de um operário na Paulicéia dos anos 70.* São Paulo, Líber Edições, 1970, p. 209

Santo Dias: a construção da memória   135

tativa dos discursos que permeiam a formação do Fundo Santo
Dias. Sendo assim, também é necessário analisar os discursos e
utilizações em torno da memória do operário Santo Dias.

FRAGMENTOS E UTILIZAÇÕES DA MEMÓRIA
DE SANTO DIAS

A memória de Santo Dias não se resume ao Fundo Santo
Dias no Cedem, mas tem como característica seu caráter fragmentar, sendo institucional ou não, pois não é composta por um sentido
único e hegemônico, mas condensada e enriquecida por mitos, vozes e silêncios oriundos dos grupos sociais que ajudaram a compor
a memória do operário.

Os movimentos que mais contribuíram para a construção
da memória de Santo Dias, como o Movimento Custo de Vida,
a Pastoral Operária e as CEBs, são parte de setores progressistas
da Igreja Católica no Brasil, quase sempre em sintonia com a Teologia da Libertação. Para entender as apropriações e construções
feitas em torno da memória de Santo Dias, é importante fazer um
breve histórico das mudanças que ocorreram na Igreja Católica que
influenciaram na postura política desses movimentos sociais, principalmente no Brasil e na América Latina.

O contexto histórico das décadas de 1960 e 1970 é, sem
dúvida, marcado pela Guerra Fria, e a Igreja Católica também não
escapou das implicações políticas desse período. A necessidade de
mudanças para melhor adaptação à modernidade e principalmente
as incertezas quanto às diferentes realidades que muitas vezes apresentavam conjunturas marcadas pela intolerância e pela miséria socialeram os principais desafios para a Santa Sé.

Em 11 de abril de 1963, foi publicada durante o pontificado
de João XXIII a encíclica *Pacem in Terris* em meio às contradições
dos já conturbados anos da década de 1960. A crise dos mísseis
em Cuba ocorrida um ano antes e a possibilidade iminente de um

confronto de proporções catastróficas entre as duas superpotências, Estados Unidos e União Soviética, fizeram com que, de algum modo, a Igreja se posicionasse, igreja essa que já vivia as mudanças do Concílio Vaticano II.

Num mundo dividido pela Guerra Fria, pelos povos da pobreza e da opulência, os conflitos assumem várias facetas e "as barricadas" que parecem se firmar em causas diversas refletem, tanto no mundo desenvolvido quanto no terceiro mundo, a luta de classes. Existem indícios de que a política de coexistência de Moscou e a abertura do Papa João XXIII para o diálogo político possibilitaram o caráter universal e humanista da encíclica *Pacem in Terris*.

Sendo assim, o Papa João XXIII, por meio desse documento, se posiciona diante das desafiadoras conjunturas políticas e sociais de seu tempo, causando um amplo debate e discussão tanto no meio eclesiástico quanto no âmbito secular, devido ao seu teor supostamente heterodoxo e polêmico.

Nessa encíclica, o Papa João XXIII rompe com o "espírito de cruzada" de seu antecessor, Pio XII[17], momento em que havia uma ampla hostilidade para com qualquer forma de diálogo em relação aos comunistas e adeptos de outras confissões religiosas. A encíclica *Pacem in Terris* é a primeira encíclica a ser dirigida aos clérigos, fiéis e, de maneira especial, aos "Homens de Boa Vontade", sendo que essa afirmação convida ao diálogo para além das fronteiras ideológicas e religiosas e exprime um profundo desejo de promover a paz.

> Aos veneráveis irmãos, patriarcas, primazes, arcebispos, bispos e outros ordinários em paz e comunhão com a Sé apostólica, ao clero e aos fiéis de todo o mundo, bem

---

17 Os últimos anos de Pio XII se assemelharam muito ao regime de Pio X. Suprimiram-se as novas iniciativas na teologia e no trabalho pastoral, e os católicos direitistas, como o senador Joe McCarthy, lançaram-se ao combate do inimigo universal, o comunismo[…]. "Santos e Pecadores", p. 266.

Santo Dias: a construção da memória

com a todos os homens de boa vontade (João XXIII, 1963, p. 99).

Com esse documento, o Papa João XXIII demonstra o desejo de que a Igreja se incorporeàs situações do mundo moderno. Para isso, escreve para todos os homens integrando a doutrina social da Igreja à carta dos direitos do homem feita pela ONU[18]. Dessa forma, a Igreja promove tanto a ordem sobrenatural quanto a ordem natural, considerando dois mil anos de Cristianismo e o aspecto humanista da promoção da dignidade humana.

O Humanismo Cristão proposto pela Igreja pressupõe a "boa vontade" nas relações entre os povos e classes sociais, mas possui em sua essência a negação dos interesses de grupos que, por sua vez, são antagônicos. Esses interesses não serão suplantados por "mera bondade" de ambos ou de uma das partes, mas sim pelo conflito estabelecido no processo histórico.

O homem, na concepção liberal da carta da ONU, é dotado de direitos e deveres que, na encíclica *Pacem in Terris*, se expressam de maneira efetiva, mas é também um ser social que assume desde o início as contradições de sua existência e da sociedade onde vive.

Em 1967, na data de 26 de março, durante o pontificado de Paulo VI, foi publicada a encíclica *PopulorumProgressio*, que resultou de anseios do ainda recente Vaticano II e novamente enfatizou as questões de cunho social e econômico.

Nessa encíclica, o Papa Paulo VIfoi motivado pelos "novos ventos" do Vaticano II, pela Constituição *Gaudium et Spes* e pela inquietante situação que as diversas realidades apresentavam. Ele se utiliza de uma linguagem contemporânea e coloca a questão social de maneira explícita, sendo que as várias abordagens feitas enfatizam o avanço do materialismo em detrimento do aspecto humano.

A Igreja avançou no diálogo, assumiu a existência das classes e afirmou a dignidade de ambas, mas negou o antagonismo exis-

---

18   CHARBONNEAU,"Desenvolvimento dos povos", p. 53.

tente entre os interesses destas em prol da coexistência pacífica na relação capital e trabalho.

Essas são reflexões baseadas no modelo econômico do WelfareState que, nos países desenvolvidos, absorveu em parte os conflitos de classe. É de caráter contraditório pensar que esses países promovem o desenvolvimento das nações subdesenvolvidas, já que a indiferença aliada à opulência em que vivem esses povos tende a desenvolver um *ethos* conservador.

A encíclica *PopulorumProgressio* omite o aspecto classista das relações institucionais e estruturais, predispondo um humanismo desenvolvimentista baseado na colaboração mútua entre classes e países.

Os limites da Doutrina Social da Igreja e as lacunas do Vaticano II, ao negar o antagonismo entre os interesses de classe, trouxeram à cena novas inquietações e atores sociais que, independentemente de estarem no âmbito institucional da Santa Sé, assimilaram o conceito coletivo de "Igreja e Povo de Deus". Sejam eles protagonistas leigos ou religiosos realizarão posteriormente na América Latina o papel de "militantes", ou seja, o "germe da Teologia da Libertação".

Mesmo com a sociedade industrial e o constante processo de secularização, a Igreja continuava a ser a "derradeira fortaleza" ideológica do Ocidente, guardiã de valores e dogmas tão caros à civilização ocidental. Mas, como toda a sociedade na década de 1960, não escapou das contestações e teve necessidade de mudar, mesmo havendo rupturas em algumas questões e continuidade em outras.

Entre os leigos e alguns movimentos eclesiais de base já havia mudanças, no que diz respeito àuma Igreja sensível a causas que tanto afetavam grande parte da humanidade, como a miséria e a exploração do homem pelo homem. Apontar os limites e lacunas dessas mudanças não significa diminuir sua importância e sim perceber elementos de inquietude que no processo histórico emergem enquanto movimentos sociais e políticos.

Os limites em relação à análise política e social do "humanismo católico" proposto por Roma não são exclusividades da Igreja, também subsistiam no Estado Moderno, tanto no Bloco Capitalista Ocidental como no Leste Europeu.

Posteriormente à publicação da encíclica *PopulorumProgressio*, no ano de 1968, foi realizado em Medellín, na Colômbia, a Conferência Episcopal da América Latina, em que se manifestou a opção pelos pobres. Além desse importante evento, ocorreramem todo o mundo várias revoltas: a revolta estudantil, em maio, na França, e na Universidade de Berkeley, nos Estados Unidos; a Primavera de Praga, no Leste Europeu; o AI-5, no Brasil; e a Revolução Cultural, na China, são somente alguns dos muitos focos de inquietação em relação à sociedade e ao *status quo*.

A luta de classes dentro do campo da religião não é algo inédito se considerarmos alguns estudos de Engels sobre o cristianismo e as revoltas de camponeses na Alemanha. Existe, sim, no tempo presente, a percepção de que "Deus não morreu" e de que a religião se manifesta ora como opressão ora como instrumento de libertação do homem. Marx[19] expressa essa concepção ao apontar o dualismo da religião na *Crítica da Filosofia do Direito de Hegel*, mas em sua fase hegeliana (LÖWY, 1991, p. 11).

No Brasil, a Igreja Católica que, em 1964, em grande parte apoiou o golpe militar, no final da década de 1960 tornou-se a principal interlocutora entre a sociedade civil e o regime, mas posteriormente teve um papel decisivo no processo de redemocratização do Brasil. Serbin (2001) teve acesso a documentos e entrevistas nos quais é possível observar as relações de conflito e cooperação que houve entre o regime militar e a Igreja Católica no Brasil.

---

19 A angústia religiosa é ao mesmo tempo a expressão da angústia real e o protesto contra a angústia real. A religião é o suspiro da criatura oprimida, o coração de um mundo sem coração, assim como é o espírito de uma situação sem espírito, de uma situação sem espiritualidade. Ela é o ópio do povo.

> Um dos fatores que contribuiu para essa mudança católica foi o Concílio Vaticano II, realizado de 1962 a 1965 e presidido, inicialmente, pelo então papa João XXIII. Dentre os vários objetivos propostos pelo concílio, podemos ressaltar um, o qual visava estruturar uma maior atuação do clero nos assuntos sociais. Essa atuação perpassaria, notadamente, com a interação das ações dos clérigos às atividades desenvolvidas pelo movimento de leigos católicos (SERBIN, 2001, p. 99).

Na América Latina e no Brasil, até meados dos anos 1960, prevaleceu dentro da Igreja a ideia de que as causas da pobreza e da miséria eram o subdesenvolvimento e não as desigualdades sociais. A ideologia desenvolvimentista, no caso do Brasil, esteve também de certa forma atrelada às políticas de crescimento econômico dos governos militares.

> A Igreja assume o projeto nacionalista e desenvolvimentista, como possibilidade histórica de romper, por um lado, com o projeto tradicional das oligarquias submissas ao imperialismo econômico e, por outro lado, para barrar os anseios sociais de se construir na América Latina uma alternativa com características tipicamente socialistas (SANT'ANNA, 2004, p. 29).

Mas a Igreja na América Latina, no final da década de 1960, a partir da II Conferência Episcopal da América Latina, que ocorreu em Medellín, em 1968, enfatiza a importância dos direitos humanos e a opção preferencial pelos pobres (SANT'ANNA, 2004, p. 51).

O paradigma desenvolvimentista dava lugar, pelo menos em setores mais progressistas da Igreja Católica, a uma opção teológica de contestação da conjuntura social e econômica da América Latina, já que durante os anos 1970 outras nações do continente, a exemplo do Brasil, vivenciaram ditaduras militares e todo tipo de autoritarismo.

A dependência econômica em relação às nações desenvolvidascondicionam os países pobres e a maioria de suas populações à miséria, sendo assim, uma nova perspectiva teológica e política começou a ganhar força: a "Teologia da Libertação".

> À dependência entre o centro e a periferia se deveria opor um processo de ruptura e libertação. Portanto, desfazia-se para a teologia do desenvolvimento e se criavam os fundamentos teóricos para uma teologia da libertação. As bases reais e materiais só foram dadas quando os movimentos populares e os grupos cristãos já se encontravam militando no sentido de uma libertação completa e integral. Foi então que surgiram as condições objetivas de uma autêntica teologia da libertação (BOFF, 2001, p. 111).

No Brasil já havia movimentos católicos progressistas de jovens formados muitas vezes por leigos, antes do surgimento da Teologia da Libertação. Entre eles: a JUC (universitários), a JOC (operários), a JAC (camponeses), o MEB (Movimento de Educação de Base) e a Ação Popular Católica.

A Teologia da Libertação surge como uma diretriz de organização e mobilização das classes populares, principalmente a partir dos trabalhadores e das periferias de grandes cidades como São Paulo.

> No final dos anos 70, no Brasil, quando se falava em novos movimentos sociais, em

> encontros, seminários e colóquios acadê-
> micos, tinha-se bem claro de que fenôme-
> no se estava tratando. Era sobre os movi-
> mentos sociais populares urbanos, parti-
> cularmente aqueles que se vinculavam às
> práticas da Igreja católica, na ala articulada
> à Teologia da Libertação. A denominação
> buscava contrapor os novos movimentos
> sociais aos ditos já velhos, expressos no
> modelo clássico das sociedades amigos
> de bairros ou associações de moradores
> (GOHN, 2006, p. 281).

A esquerda tradicional no Brasil jamais conseguiu mobilizar tantos trabalhadores quantos os grupos de base e pastorais sociais, que souberam dar voz a esses operários e camponeses.

> As CEBs constituem o fenômeno ecle-
> siológico e sociológico mais significativo
> das últimas décadas do segundo milênio
> na América Latina. Não dispomos de do-
> cumentação que possibilite a identificação
> rigorosa da origem dessa maneira inovado-
> ra de ser Igreja, no entanto, no Brasil, algu-
> mas experiências são tidas como pioneiras
> (SANT'ANNA, 2004, p. 67).

Um aspecto importante da Teologia da Libertação foi a capacidade de inculturação de costumes do povo simples e, a partir da cultura popular local, a construção de espaços de luta e democracia em tempos de autoritarismo. Os leigos não somente ganharam espaço de participação na igreja, mas também de resistência política.

Em São Paulo, durante a década de 1970, houve uma explosão demográfica e a expansão das áreas urbanas. A separação entre centro e periferia era cada vez mais evidente.

Santo Dias: a construção da memória

> Com a explosão demográfica no início dos anos 1970, o modelo paroquial não dava mais conta de atender à população das novas glebas de loteamento que se multiplicavam a cada um (SANT'ANNA, 2004, p. 65).

Nas periferias faltavam todos os serviços básicos, inclusive igrejas. Em uma cidade como São Paulo era quase impossível para a arquidiocese construir paróquias em todos os bairros que surgiam. Nesse cenário, as CEBsproliferaram em toda São Paulo, aglutinando pessoas de vários setores da sociedade, mas principalmente formando lideranças entre o povo mais simples.

> Com a implementação da Operação Periferia, as CEBs floresceram em toda a cidade de São Paulo, imprimindo à colossal Arquidiocese um caráter de descentralização eclesial singular (SANT'ANNA, 2004, p. 65).

Santo Dias começou sua participação mais efetiva nessa época e foi uma das principais lideranças, seja nas comunidades ou no movimento sindical. Havia, nessas comunidades, a possibilidade de que trabalhadores comuns, fossem eles homens ou mulheres, exercessem liderança em seus grupos. As escolhas e decisões partiam da base e não necessitavam de que intelectuais ou pessoas de classes mais abastadas os conduzissem.

As demandas sociais desse período eram muitas, não só em relação aos direitos humanos e políticos, mas também no que se referia às necessidades básicas, como alimentação e moradia. Nesse sentido, movimentos como a Pastoral Operária e o Movimento Custo de vida também refletiam os anseios da sociedade por mudanças.

A repressão contra lideranças da Igreja Católica da América ligadas às causas populares sempre ocorreram, basta lembrar o assassinato de Dom Oscar Romero[20], Chico Mendes, Irmã Doroty, Margarida Alves e tantos outros sujeitos transformados em mártires por seus pares e tidos como exemplos de luta e resistência contra a opressão.

A Teologia da Libertação, principalmente no Brasil e na América Latina, tem como parte de sua mística e espiritualidade a valorização e a rememoração do martírio como prática de reflexão e mobilização em torno da luta cotidiana.

> Há uma memória que é mera recordação do passado; uma memória arquivada, uma memória do que já não está vivo. Há outra memória que torna o passado presente, não como mera recordação, mas como presença viva, como algo que sem estar mais presente, tampouco é de um todo ausente porque, definitivamente, é parte da própria vida; não da vida que foi e passou, mas da vida que continua. Com dom Romero e sua memória, apergunta fundamental é de que memória se trata: uma memória morta ou uma memória viva, a presença de um cadáver ao qual se venera ou a presença de um ressuscitado que interpela, vigora, alenta e dirige [...]. Ninguém esquece dom Romero, mas não todos o recordam como ressuscitado e presente.[21]

A mística do martírio ajuda a construir um compromisso que ao mesmo tempo une fé e justiça na vida presente e em uma perspectiva escatológica a vida pós-morte e a utopia. Santo Dias,

---

20 Em 1977, foi nomeado arcebispo de El Salvador e, no contexto de ditadura, atuou em defesa dos direitos humanos. Sua intenção era conscientizar as pessoas e os responsáveis pelo poder de que a paz só poderia vir pela via da justiça. Foi morto em 24 de março de 1980, por um soldado salvadorenho.

21 ELLACURÍA. *Memoria de monseñor Romero*, p. 115.

Santo Dias: a construção da memória

para as pastorais sociais, incorpora essa perspectiva utópica e messiânica de unir e mobilizar as pessoas para a luta social. A figura do mártir dentro de uma concepção utópica tem raízes antigas na cultura latino-americana, basta lembrar fenômenos messiânicos, como o sebastianismo, e revoltas populares, como Canudos e Contestado. Nos anos 1960 e 1970, a figura do guerrilheiro altruísta, a exemplo do "lendário" Che Guevara, que se sacrifica pela justiça social e pela revolução, ocupou o imaginário de parte da esquerda, principalmente na América Latina.

Dentro dos movimentos pastorais ligados à Teologia da Libertação, prevaleceu o martírio ligado à fé e a militância política. Nesse sentido, o "secular e o sagrado" devem andar juntos em uma perspectiva escatológica de libertação social e transcendental.

A Capela Mártir Jesus, situada na cidade de Jacareí, em São Paulo, através da pintura abaixo, demonstra parte dessa concepção de sacrifício religioso e ao mesmo tempoapresenta forte teor político e social. O Cristo é "encarnado" na história humana e, assim como mártires da modernidade, assumiu sua missão diante das mazelas e sofrimentos do seu povo.

Figura 11 – Pintura da Capela Mártir Jesus[22]

---

22 A Capela Mártir Jesus é inaugurada em Jacareí. Na tarde do dia 09/12, a Irmandade dos Mártires da Caminhada, sob a coordenação do Pe. Afonso, inaugurou a

O processo de construção da memória de Santo Dias também aglutinou esse discurso e concepção de mundo: um simples operário tornou-se mártir e relembrar sua memória também é um chamado à mobilização e à luta. Sua memória e vida, nessa perspectiva, adquiriram um sentido narrativo típico de um santo da "Legenda Áurea"[23], mas, ao mesmo tempo, de forma paradoxal, incorporaram a rebeldia diante do contexto social e político de seu tempo.

A memória de Santo Dias é constituída de maneira fragmentar, ou seja, por vários elementos narrativos, iconográficos e discursivos que, em sua maioria, foram elaborados após sua morte. A idealização do personagem convive lado a lado com falas e situações do homem pacato que queria dar à sua família uma vida melhor.

As palavras de ordem e de exaltação também demonstram incertezas e a necessidade de manter os ideais e utopias que o personagem representa em diferentes linguagens e possibilidades de manifestação.

A memória de Santo Dias, mesmo idealizada e com "resquícios de ufanismo", apresenta uma ruptura com a "memória oficial" que, no Brasil, quase sempre privilegiou, quando se trata da institucionalização da memória, as elites sociais e econômicas.

O simples fato de existirem expressões que preservem a memória de Santo Dias já possibilita, mesmo que de forma fragmentar, espaços de resistência e de reflexão do agir e pensar histórico. Sendo assim, voltar ao passado e recordar o personagem Santo

---

Capela Mártir Jesus, que pretende ser um Memorial aos Mártires da Caminhada. Logo em breve, no mesmo terreno, começará a construção do Centro de Espiritualidade D. Oscar Romero. Esse espaço possui a utopia de ser uma Comunidade Eclesial Ecológica de Base e os trabalhos para isso já estão começando. A Capela tem em seu presbitério o painel dos mártires recordando o Santuário dos Mártires da Caminhada em Ribeirão Cascalheira, Prelazia de São Felix do Araguaia, MT.

23 VARAZZE, Jacopo. *Legenda Áurea; história dos santos*. Tradução: Hilário Franco Junior, Companhia das Letras, São Paulo, 2003. Legenda áurea é uma reunião de biografias de santos escritas no século XIII, com a intenção de difundir valores morais edificantes e de arregimentar um maior número de fiéis para a Igreja Católica.

Dias como a Pastoral Operária faz todos os anos é dar sentido às lutas do presente.

A históriabusca memorizar quase sempre grandes fatos do passado, fatos que, por sua vez, são em sua maioria catástrofes, que acabam se fixando como um marco divisor na História – "o antes e o depois" –, mas sempre serão momentos únicos.

Tempos de violência extrema e traumas podem ao mesmo tempo motivar novas lutas e reflexões ou mesmo embates no presente em relação ao passado. O holocausto nazista, mesmo com todas as evidências, ainda hoje é questionado quanto à sua proporção. No Brasil, mesmo diante das memórias de práticas de repressão e tortura, existem aqueles que tentam justificar o injustificável.

Figura 12 – Cartaz da Pastoral Operária

O cartaz da Pastoral Operária acima apresenta Santo Dias como aquele que semeia a esperança. Nesse sentido, sua memória tem tambémo propósito de reunir pessoas em torno de um ideal de luta comunitária que anda praticamente esquecido diante da massificação e da perda de sentido do político para a grande maioria das pessoas na sociedade atual.

A prática da rememoração e as reflexões em relação ao passado são fundamentais para que as vítimas da repressão e do autoritarismo, como Santo Dias e tantos outros, não sejam esquecidas.

O século XX foi marcado por grandes catástrofes, e dentre elas a mais marcante é a do holocausto, o genocídio dos judeus na Segunda Guerra Mundial. A Shoah não deve ser encarada como algo relativo, como uma ficção ou fábula, pois se trata de um evento que vai além dos limites da linguagem. Há toda uma resistência para que tal evento não seja metaforizado, pois há aqueles que negam que o evento tenha tido tamanha proporção, como é o caso dos palestinos, para quem holocausto dos judeus é uma forma de eles legalizarem o Estado de Israel.

A representação desses eventos traumáticos, como o caso da Shoah, chega muitas vezes a um limite, a algo impossível de se rememorar por conta de sua agressividade, pois as representações que chegam mais perto do realchocam muito as pessoas que, por sua vez, não conseguem entender tamanha violência e acabam encarando tudo como se fosse mentira, como algo que nunca aconteceu. Fica parecendo mais um filme de terror, por isso sempre haverá um conflito entre a necessidade e a impossibilidade de sua representação.

> Se a História não tinha espaço para a alteridade, mas sim apenas para a construção *agonal*do Eu-Nação, a memória é o espaço da comunicação com o Outro como formador do Eu. Não há mais espaço para o discurso positivista da historiografia que nega as diferenças, as *minorias* e os trau-

Santo Dias: a construção da memória

> mas/cortes históricos e apresenta uma visão triunfalista do desenrolar da humanidade. A memória da Shoah assume agora um papel central na estruturação de um modelo epistemológico no qual o "saber" é visto como uma *reescritura*aberta, nunca completa e total. Como reescritura infinita de textos e do passado: justamente porque nessa memória o *outro*/"resto" reivindica a sua *voz* de um modo nunca antes experimentado. Enquanto evento traumático, a Shoah está servindo de base para se estabelecer e pensar uma memória coletiva que também deve atuar no movimento de resistência à homogeneização das diferenças passadas e presentes. *Constrói*-se uma política da "identidade" a partir da catástrofe, das mortes e das suas ruínas — que foram provocadas pela própria "lógica" da razão iluminista (SELIGMANN-SILVA, 2008, p. 160).

Benjamin criou uma nova concepção de olhar para o mundo e para a história através da afinidade eletiva entre messianismo judaico e utopia libertária. Ele acreditava que um dia um mundo de igualdade e sem classes poderia vir a existir.

Por trás do messianismo judaicoe da utopia libertária, estavam também as ideias do Romantismo alemão, que influenciava as ideias políticas de Benjamin. Romantismo esse que pregava ideias socialistas e criticava o mundo capitalista.

Benjamin também se voltava contra a ideia de pensar o tempo da História como qualitativo, pois o ser humano deve realizar seu tempo e não se colocar em uma linha progressista da História.

O autor se fundamenta em imagens utópicas, como a Revolução Francesa, pois, para ele, a História é como um despertar, um salto do passado para o presente, já que, no passado, podem-se encontrar elementos libertadores, tanto para o presente quanto para o futuro. O materialismo histórico ajudou Benjamin a formular suas críticas à sociedade moderna, ao avanço técnico e burguês que levaram a classe operária à condição autônoma da História.

Para Benjamin, deve-se pensar a memória a partir da ideia de experiência e vivência, e tomar como exemplo as sociedades arcaicas e matriarcais, pensando que um dia houve harmonia entre o homem e a natureza e uma sociedade sem classes, traçando assim um novo conceito na História.

Santo Dias é representado como um exemplo de luta e dedicação às causas populares, o que ajuda a fazer com que sua memória se mantenha dentro dos movimentos sociais, principalmente em São Paulo e na Pastoral Operária. Além da institucionalização da memória de Santo Dias por meio do acervo no Cedem, e de ter vários locais batizados com seu nome, a prática da rememoração através de músicas e celebrações ajuda a manter sua figura sempre atual diante dos conflitos do presente.

> Articular historicamente o passado não significa conhecê-lo "como ele de fato foi". Significa apropriar-se de uma reminiscência, tal como ela relampeja no momento de um perigo. Cabe ao materialismo histórico fixar uma imagem do passado, como ela se apresenta, no momento do perigo, ao sujeito histórico, sem que ele tenha consciência disso. O perigo ameaça tanto a existência da tradição como os que a recebem. Para ambos, o perigo é o mesmo: entregar-se às classes dominantes, como seu instrumento. Em cada época, é preciso arrancar a tradição ao conformismo, que quer apoderar-se dela. Pois o Messias não vem apenas como salvador; ele vem também como o vencedor do Anticristo. O dom de

Santo Dias: a construção da memória

> despertar no passado as centelhas da espe-
> rança é privilégio exclusivo do historiador
> convencido de que também os mortos não
> estarão em segurança se o inimigo vencer.
> E esse inimigo não tem cessado de vencer
> (BENJAMIM, 1994, p. 224).

Benjamin, em "Sobre o conceito de história", elabora suas teses sobre a história e fala sobre a importância do materialismo histórico enquanto ruptura com o historicismo. O autor faz uma reflexão sobre uma visão dogmática da história segundo a qual a revolução não é vista como uma ruptura histórica, e sim como um destino que permitiu que o fascismo chegasse ao poder na Europa dos anos 1930. Para Benjamin, a história oficial e seu sentido teleológico foram construídos sobre os ombros dos oprimidos e excluídos da história, portanto rememorar e trazer à luz a história dos vencidos é lutar e resistir contra o opressor.

Dentro de uma perspectiva que vai além das possibilidades do político e do poder, mas que também se nutre de uma espera messiânica, as derrotas, a morte e a marginalização não impedem que movimentos pastorais ligados à Teologia da Libertação, como a Pastoral Operária, vislumbrem no "horizonte do vir a ser" o paradoxo escatológico em que a transcendência e a imanência confluem para a utopia.

> O que desejam o historiador "materialis-
> ta", o crítico e o tradutorautênticos, é sem-
> pre, em Benjamin, a salvação, isto é, *mais
> que aconservação* piedosa do passado e das
> obras, *mais que sua preservação*, para sempre,
> nos arquivos e nas bibliotecas da memória.
> Essesgestos de conservação e de preser-
> vação são, certamente, essenciais;definem
> com sobriedade e humildade o trabalho
> humano. Masnão esgotam a significação

> da salvação, mais precisamente ainda da-*redenção* (*Erlösung*) que Benjamin sempre definiu igualmente, demaneira fundamentalmente anárquica e profundamente teológica, como o que não é somente libertação, mas também des-enlace, dis-solução (*Er-lösung*), o que põe fim à história e às obras, o queas aniquila e as consome. Combustão última onde resplandecea breve cintilação da felicidade em sua relação essencial com amorte, como a descrevia o "Fragmento Teológico-político". Como o ressaltava esse texto e como o redizem as "Teses", a verdadeiraredenção não é de nossa competência, ela pertence ao Messias (GAGNEBIN, 2009, p. 112).

Mesmo quando a conjuntura política e social não era favorável aos movimentos sociais nos anos 1990, a utilização de ícones de alguma forma resgatava elementos de coesão e de lutas anteriores. Por mais frágil que pareçam essas manifestações, elas permanecem e se renovam de acordo com os discursos e apropriações feitas em torno de Santo Dias.

> Os anos 1990 redefiniram novamente o cenário das lutas sociais no Brasil, deslocando alguns eixos de atenção dos analistas. Os movimentos sociais populares urbanos dos anos 70-80 alteraram-se substancialmente. Alguns entraram em crise interna: de militância, de mobilização, de participação cotidiana em atividades organizadas, de credibilidade nas políticas públicas e de confiabilidade e legitimidade junto à própria população. Sem falar nas crises externas decorrentes da redefinição

Santo Dias: a construção da memória

> dos termos do conflito social entre os diferentes atores sociais e entre a sociedade civil e a sociedade política, tanto em termos nacionais como em termos dos referenciais internacionais: queda do muro de Berlim, fim da União Soviética, crise das utopias, ideologias etc. (GOHN, 2006, p. 304).

Conforme o tempo foi passando, as manifestações em torno da memória de Santo Dias também foram ficando mais restritas e atingindo um público menor. Os discursos também foram se modificando e tornaram-se menos "radicais" em relação à sociedade e a possíveis mudanças.

A luta pela cidadania e por políticas públicas locais, a amplitude do significado do termo político a partir das práticas democráticas nas associações de bairro e no sindicato, além de serem uma experiência coletiva vivenciada por várias pessoas, encontram eco no legado e na memória de Santo Dias, que continua atual.

As periferias de São Paulo e do Brasil ainda continuam lugares esquecidos pelo Estado, onde cidadania e acesso a serviços básicos de qualidade ainda estão distantes. A violência, as drogas e a falta de perspectiva são parte integrante do cotidiano. Santo Dias foi um exemplo claro de liderança que surgiu a partir da base e dos trabalhadores e principalmente a partir do que se convencionou chamar de "novo sindicalismo".

O sindicato dos metalúrgicos já não é mais o mesmo do final dos anos 1970, mas a memória de Santo Dias está atrelada sem dúvida à história desses operários, principalmente à Oposição Sindical Metalúrgica, que vem realizando um trabalho de resgate da memória dos trabalhadores que fizeram parte de décadas de lutas.[24]

---

24   O objetivo do Projeto Memória da Oposição Sindical Metalúrgica de São Paulo (1960-1990) é resgatar a memória dessa experiência, tornando-a acessível às atuais gerações. Muitos dos que participaram desse movimento foram acumulando documentos, fotos, gravações. Muitos, ainda, têm memórias não registradas da-

Àquela altura os comandos regionais da greve já haviam se reorganizado nas igrejas, voltando a se mobilizarem. Após a morte de Santo Dias, a repressão recuou em sua ostensividade, mas permaneceu com policiamento à distância, o que permitiu a formação de enormes piquetes, os piquetões de até 10 000 metalúrgicos como ocorreu na zona sul. A greve generalizou-se; o crescimento da participação, agora marcada por uma forte motivação política começou a variar de 80% a 90%, no seu momento mais alto, firmando-se internamente nas grandes empresas; isto desde a quarta-feira até a segunda-feira seguinte, dia 05 de novembro, quando a repressão voltou a agir com toda a força. Assim, já não se poderia dizer que a categoria estava lutando apenas pelos 83% de reajuste salarial! "A partir da morte de Santo, a questão de garantir a continuidade da greve transformou-se num desfio de natureza política, uma necessidade de resposta ao crime da repressão e um dever de honra" (depoimento de Cleodon Silva ao GEP/Urplan). Esta foi a motivação da massa de piqueteiros, metalúrgicos em greve, que saíram às ruas nas regiões industriais disposta a enfrentar a polícia.[25]

---

quela época. Há pesquisadores que se dedicaram durante anos ao estudo do movimento sindical, sistematizando parte dessas memórias vivas e dos documentos que produziu. Há, ainda, jovens ávidos por experiências mais consistentes de vida e militância política.

25 BATISTONI, Maria Rosângela. *Confronto Operário: a Oposição Sindical Metalúrgica nas greves e nas comissões de fábrica de São Paulo (1978- 1980)*. São Paulo: IIEP, 2010, p. 111.

Santo Dias: a construção da memória

A memória de Santo Dias possibilitou aos trabalhadores maior poder de mobilização e luta. A comoção diante de sua morte ajudou os operários a continuar a greve e até mesmo a enfrentar os órgãos de repressão da época.

> A luta de classes, que um historiador educado por Marx jamais perde de vista, é uma luta pelas coisas brutas e materiais, sem as quais não existem as refinadas e espirituais. Mas na luta de classes essas coisas espirituais não podem ser representadas como despojos atribuídos ao vencedor. Elas se manifestam nessa luta sob a forma da confiança, da coragem, do humor, da astúcia, da firmeza, e agem de longe, do fundo dos tempos. Elas questionarão sempre cada vitória dos dominadores. Assim como as flores dirigem sua corola para o sol, o passado, graças a um misterioso heliotropismo, tenta dirigir-se para o sol que se levanta no céu da história. O materialismo histórico deve ficar atento a essa transformação, a mais imperceptível de todas (BENJAMIN, 1994, p. 223).

Benjamin ressalta a importância de o historiador não perder de vista a luta de classes para a reflexão da história. Ao refletir sobre a memória de Santo Dias, é necessário ter a percepção de que se trata também de uma luta silenciosa e sutil, mas que não deixa de ser um enfrentamento de classe pela memória dos trabalhadores. A história de operários como Santo Dias é fragmentar e frágil, mas não deve ser esquecida. A luta política e social, mesmo que na maioria das vezes resulte em derrota, motiva os movimentos sociais e de trabalhadores mobilizados em torno de melhores dias e relembrando as memórias daqueles que lutaram antes.

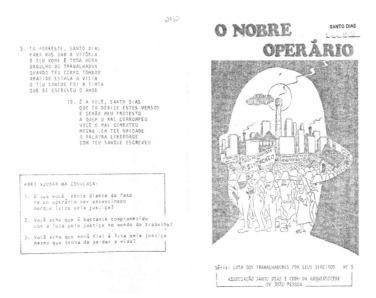

Figura 13 – Panfleto

No folheto acima, Santo Dias é cantado como um santo, mas sua morte ganha outra conotação, que vai além da repressão. Segundo a canção, a morte de Santo Dias tem um aspecto de libertação, em que seu "martírio" é capaz de dar sentido às lutas e vidas de outros trabalhadores.

> Contra "a ortopedia da postura ereta", que celebra o ideal clássico de uma humanidade "harmoniosa e perfeitamente formada", Benjamin sugere um humanismo antiessencialista, antiidealista e até anti-humanista. O homem em desenvolvimento, ou seja, aqueles que se curvam ou se inclinam – o homem-cartaz, o mendigo, a criança, os monstros –, são mensageiros de uma outra formação, aquela que renasce das ruínas da experiência da pobreza e da exploração (COMAY, 1999, p. 126).

Santo Dias tinha defeitos e limitações como qualquer pessoa. Sua vida e memória não devem ser analisadas com um sentido único e homogêneo, mas a partir das contradições sociais que vivenciou e, mesmo após sua morte, por meio dos discursos e simbolismos que surgiram a partir de sua memória.

> a cidade como palco onde desfilam coletivos de todo tipo, uma procissão infindável: os conspiradores, os operários com mulheres e filhos, os pobres, os sem posses, os miseráveis, os catadores de lixo, as 'classes laboriosas', as 'classes perigosas', os proletários, 'os homens inferiores, nascidos de assaltantes e prostitutas', os oprimidos, os combatentes de junho, os literatos, os camponeses com as terras hipotecadas, os devedores, os associais, o submundo, os clientes dos Estados totalitários, as prostitutas, as velhas, os decrépitos, a juventude camponesa sem perspectivas, os que moram nas cavernas urbanas, as operárias que fazem hora extra nos prostíbulos, os doentes, os candidatos a suicídio – circulava tanta gente que a vista se curvava (BOLLE, 2000, p. 398).

Passadas algumas décadas da morte de Santo Dias, e diante de São Paulo, a cidade em que viveu parte de sua vida, é possível refletir sobre a importância da manutenção de sua memória, especialmente para aqueles descritos por Bolle (2000) como excluídos das oportunidades, da cidade, da vida e, portanto, da história.

A barbárie das grandes cidades e o esvaziamento do Estado em relação ao mercado oferecem ampla autonomia para o capital e a economia circularem sem maiores intervenções dos governos. Hoje, em um mundo caracterizado pela globalização da economia e da informação, o homem está entregue e sujeito ao mercado, as relações com o meio ambiente são de total desrespeito. A realidade e a experiência foram reduzidas ao efêmero e o anonimato de inúmeras situações amplamente complexas causam uma saturação dos discursos e das informações nos oceanos do pragmatismo pós--moderno. Nada é fixo ou sólido, tudo é reduzido e colocado no valor intrínseco de mercado. Os questionamentos são anacronismos "heróicos" que rompem com o usual e são ridicularizados pela falta de quem os ouça ou simpatize com ideias que a rapidez e a realidade atual exigem.

As novas gerações vivem o *carpe diem* mais o aspecto negativo da anti-história, que se reflete nas relações de consumo num imediatismo que se dilui na lógica de mercado em que as lutas das massas pela igualdade e utopia foram substituídas pelo conformismo e pelos pequenos benefícios e satisfações imediatas do capitalismo.

> O historicismo se contenta em estabelecer um nexo causal entre vários momentos da história. Mas nenhum fato, meramente por ser causa, é só por isso um fato histórico. Ele se transforma em fato histórico postumamente, graças a acontecimentos que podem estar dele separados por milênios. O historiador consciente disso renuncia a desfiar entre os dedos os acontecimentos, como as contas de um rosário. Ele capta a configuração em que sua própria época entrou em contato com uma época anterior, perfeitamente determinada. Com isso, ele funda um conceito de presente como um "agora" no qual se infiltraram estilhaços do messiânico (BENJAMIN, 1994, p. 232).

Santo Dias incorpora em sua memória também outras memórias de homens e personagens, o que pode ser denominado como

Santo Dias: a construção da memória

mística, ou seja, uma mística do martírio sempre presente entre os grupos ligados à Teologia da Libertação e que caracteriza cada mártir com um traço do "Cristo" que sofre e é sacrificado diante da realidade social. Nesse sentido, longe da idealização, o papel do historiador é analisar e refletir sobre manifestações mnemônicas que, a exemplo de Santo Dias, de alguma forma expressam anseios e utopias quase perdidos.

> O historicismo culmina legitimamente na história universal. Em seu método, a historiografia materialista se distancia dela talvez mais radicalmente que de qualquer outra. A história universal não tem qualquer armação teórica. Seu procedimento é aditivo. Pensar não inclui apenas o movimento das idéias, mas também sua imobilização. Quando o pensamento para, bruscamente, numa configuração saturada de tensões, ele lhes comunica um choque, através do qual essa configuração se cristaliza enquanto mônada. O materialismo histórico só se aproxima de um objeto histórico quando o confronta enquanto mônada. Nessa estrutura, ele reconhece o sinal de uma imobilização messiânica dos acontecimentos, ou, dito de outro modo, de uma oportunidade revolucionária de lutar por um passado oprimido. Ele aproveita essa oportunidade para extrair uma época determinada do curso homogêneo da história; do mesmo modo, ele extrai da época uma vida determinada. Seu método resulta em que na obra o conjunto da obra, no conjunto da obra a época e na época a totalidade do processo histórico são preservados e transcendidos. O fruto nutriti-

> vo do que é compreendido historicamente contém em seu *interior* o tempo, como sementes preciosas, mas insípidas (BENJAMIN, 1994, p. 231).

Nesse sentido, existiu uma rara oportunidade de problematizar os fragmentos de uma frágil, mas importante memória, os movimentos sociais e pastorais que ainda hoje atuam nas periferias de São Paulo e do Brasil. E esse, segundo Benjamin (1994), deve ser o papel da história.

Conclusão

A história pode ter vencedores a curto prazo, mas os ganhos históricos vêm dos vencidos. (Eric Hobsbawm)

Nos dois primeiros capítulos deste trabalho, busquei problematizar o conceito de memória coletiva, relacionando o tema com o meu objeto de estudo, que é a análise da construção da memória de Santo Dias da Silva. Além disso, abordei, através dos vários fragmentos que constituem a memória desse operário, parte de sua experiência e trajetória política.

Mas, talvez, o principal desafio desta pesquisa tenha sido o último capítulo, responsável por analisar os vários discursos e utilizações da memória de Santo Dias e, a partir dessa análise, problematizar como foi construída sua memória, concebendo o personagem a partir de duas perspectivas diferentes: a primeira caracteriza-se pelo operário militante, e a segunda pela figura do"mártir operário", morto pela repressão da ditadura.

A memória de Santo Dias é representada pelos registros familiares, por alguns documentos referentes à sua morte e pela lembrança produzida através de homenagens.

Durante a pesquisa, a principal dificuldade foi produzir uma narrativa que possibilitasse uma reflexão sobre a importância de analisar a construção da memória de Santo Dias. Nesse sentido, durante alguns momentos, a linguagem utilizada para descrever o personagem foi confundida com uma tentativa de exaltação ou legitimação deste, mas, neste trabalho, o que procurei fazer foi justamente desconstruir e decifrar práticas, signos e mitos em relação à memória de Santo Dias.

Outra dificuldade foi a impossibilidade de fazer a entrevista pessoalmente, expressões, silêncios e sutilezas típicas de um relato oral não puderam ser captadas. Em relação as fontes iconográficas utilizei como ilustração, sem problematiza-las em seu conteúdo e nesse aspecto a falta de informações sobre as mesmas contribuiu também para essa lacuna na abordagem.

Analisar a construção da memória de Santos Dias significou problematizar também parte da memória do movimento sindical e social brasileiro que, no caso da Oposição Sindical Metalúrgica – às vezes até marginalizada graças ao já histórico legado de combatividade e disposição para a luta –, sem dúvida contribuiu em muito para o que se convencionou chamar de "novo sindicalismo". O "radicalismo", no bom sentido do termo, ia até as "raízes" das contradições e das dificuldades que os trabalhadores passavam naquele momento.

> A memória é, em parte, herdada, não se refere apenas à vida física da pessoa. A memória também sofre flutuações que são função do momento em que ela é articulada, em que ela está sendo expressa. As preocupações do momento constituem um elemento de estruturação da memória. Isso é verdade também em relação à memória coletiva, ainda que esta seja bem mais organizada. Todos sabem que até as datas oficiais são fortemente estruturadas do ponto de vista político. Quando se procura enquadrar a memória nacional por

Santo Dias: a construção da memória

163

> meio de datas oficialmente selecionadas para as festas nacionais, há muitas vezes problemas de luta política. A memória organizadíssima, que é a memória nacional, constitui um objeto de disputa importante, e são comuns os conflitos para determinar que datas e que acontecimentos vão ser gravados na memória de um povo. Esse último elemento da memória – a sua organização em função das preocupações pessoais e políticas do momento – mostra que a memória é um fenômeno construído. Quando falo em construção, em nível individual, quero dizer que os modos de construção podem tanto ser conscientes como inconscientes. O que a memória individual grava, recalca, exclui, relembra, é evidentemente o resultado de um verdadeiro trabalho de organização (POLLAK, 1992, p. 4).

Pollak (1992) aponta os vários aspectos e disputas que existem em torno da constituição da memória de um povo, que possuem antes de tudo um processo de organização, portanto de construção da memória.

A memória de Santo Dias foi organizada através de documentos em um acervo institucional, mas também possui aspectos imateriais que a produziram, reinventaram e celebraram, e assim se mantém presente nos movimentos sociais e pastorais. Nesse sentido, a memória do operário Santo Dias é um construto social que tem ao longo do tempo incorporado expressões, contradições, conflitos e discursos.

Figura 14 – Ilustração sobre o assassinato de Santo Dias, Pastoral Operária década de 1980.

A partir da década de 1990 houve o enfraquecimento dos setores progressistas da Igreja Católica ligados a Teologia da Libertação, personagens como Santo Dias são rememorados graças a pequenos grupos da Pastoral Operária e CEB's que ajudam a construir e manter a memória de lideres populares.

> A Teologia da Libertação teve seu processo de refluxo intensificado na década de 90, deixando marcas significativas no catolicismo brasileiro. A Conferência Nacional dos Bispos do Brasil institucionalizou

em suas linhas de ação grande parte das reivindicações e propostas das pastorais sociais. Isso fica evidente sobretudo nas Campanhas da Fraternidade promovidas anualmente. Nelas, questões sociais e segmentos populacionais marginalizados recebem atenção especial, transformando-se em alvo de discussões e de práticas pastorais. Mesmo sem todo o poder de influência cultural desejado, a Igreja Católica é uma instituição ainda razoavelmente ouvida e respeitada, sobretudo no que se refere às políticas governamentais de caráter social.[1]

A ascensão da Renovação Carismática Católica, tendência conservadora, de perspectiva intimista e voltada principalmente a disputa do chamado mercado religioso, faz com que a memória de lideranças como Santo Dias e o legado de luta de muitas comunidades acabem esquecidos.

Outros movimentos católicos se desenvolveram após o Concílio Vaticano II, mas um especificamente viria a ganhar importância: a Renovação Carismática Católica (RCC). Nascido nos Estados Unidos, em 1967, ela não tardou a se espalhar por outros países, inclusive o Brasil. A RCC esteve praticamente na penumbra no decorrer das décadas de 70 e 80, vindo efetivamente a ganhar visibilidade nos anos 90. O movimento se organizou nacionalmente construindo uma estrutura presente em todas

---

1   Souza, André Ricardo de. Igreja Católica e Mercados: a Ambivalência entre a Solidariedade e a Competição. *Religião e sociedade*. Volume 27, nº 1, Rio de Janeiro Julho 2007.

as dioceses brasileiras. Simultaneamente ao crescimento carismático se deu o refluxo da Teologia da Libertação. A abertura política com o fim da ditadura militar, o conservadorismo eclesial desencadeado pelo pontificado de João Paulo II e a crise do pensamento de esquerda com a queda do bloco socialista capitaneado pela União Soviética são os principais fatores do processo de despolitização católica. Embora muitos militantes católicos de esquerda tenham preservado sua atuação em algumas pastorais sociais, estava pavimentada na Igreja a avenida para o avanço da RCC.[2]

A memória de Santo Dias esta amplamente ligada aos sindicatos, movimentos sociais e pastorais sociais da Igreja Católica, pois esses grupos ajudaram a construir sua memória e dar novos significados a mesma. Além do papel de rememoração o legado de Santo Dias aponta para uma perspectiva de resistência desses grupos.

Nas entrelinhas dos panfletos, livros, cantos e poesias que ajudam a contar a história de Santo Dias estão também parte do legado cultural e das inquietações políticas de vários homens e mulheres anônimos que sonharam, lutaram, perderam mais vezes que ganharam, mas que têm, apesar das limitações, a possibilidade de não serem esquecidos, pois lembrar Santo Dias é também contar que em bairros longínquos e pobres da periferia da São Paulo dos anos 1970 pessoas simples fizeram e continuam fazendo a história.

---

2   *Idem*

Referências

ALMEIDA, Paulo Roberto. *Círculos operários católicos: práticas de assistência e de controle no Brasil.* (dissertação de mestrado) São Paulo: PUC, 1992.

ALVES, Márcio Moreira. *A Igreja e a política no Brasil.* São Paulo: Brasiliense, 1979.

ANDERSON, Perry. *O Fim da História de Hegel a Fukuyama.* Rio de Janeiro: Jorge Zahar ED, 1992.

ANTUNES, Ricardo. *A rebeldia do trabalho: o confronto operário no ABC paulista.* *São Paulo*/Campinas: Ed. da Unicamp/Ensaio, 1988.

ANTUNES, Ricardo L. C. (1986) – *As formas da greve (O confronto operário no ABC Paulista: 1978/80),* Tese de Doutoramento em Sociologia, São Paulo, Departamento de Ciências Sociais, FFLCH, USP, mimeo.
_____. *O novo sindicalismo.* São Paulo: Scritta, 1991.

ANTUNES, Ricardo. *O que é Sindicalismo.* São Paulo, Brasiliense, 1985.

ARENDT, Hannah. *Homens em tempos sombrios.* Tradução: Denise Bottmann. São Paulo: Companhia das Letras, 2008.

ARNS, Paulo Evaristo. *Da esperança à utopia: testemunho de uma vida.* Rio de Janeiro: Sextante, 2001.

AVELAR, Alexandre de Sá. Subjetividades contemporâneas e escrita biográfica; limites, desafios e possibilidades. *Revista História Oral.* Volume 13, número 2, Julho- Dezembro de 2010.

BATISTONI, Maria Rosângela. *Confronto Operário: A Oposição Sindical Metalúrgica nas greves e nas comissões de fábrica de São Paulo* (1978- 1980). São Paulo: IIEP, 2010.

BATISTONI, Maria Rosângela. *Entre a fábrica e o sindicato: Dilemas da Oposição Sindical Metalúrgica de São Paulo (1967- 1987).* Tese de Doutorado (Serviço Social), PUC, São Paulo, 2001.

BARRACLOUCH, Geofrey. "A Revolta contra o Ocidente" In: *Introdução a História Contemporanea,* Rio de Janeiro, Editora Zahar, 1975, p. 176-188.

BENJAMIN, Walter. Obras escolhidas In: *Magia e técnica, arte e política.* São Paulo: Brasiliense, 1994.

BERMAN, Mashall. *Tudo que é sólido desmancha no ar: uma aventura naModernidade.* Companhia das Letras, 1986.

BLOCH, Marc."Memória coletiva, tradição e costume: a propósito de um livro recente". In BLOCH, Marc. *História e Historiadores: textos reunidos por Étienne Bloch.* Lisboa: Editorial Teorema, 1998.

BOFF, Leonardo & BOFF Clodovis. *Como fazer Teologia da Libertação.* Petrópolis: Editora Vozes, 2001.

BOURDIEU, Pierre. A ilusão biográfica. In: AMADO, Janaína & FERREIRA, Marieta de M.(orgs.). *Usos & abusos da história oral.* Rio de Janeiro: FGV, 1996, p. 183-191.

BOLLE, W. Fisionomia da Metrópole Moderna. – 2ª ed. São Paulo: Editora da Universidade de São Paulo,2000.

Santo Dias: a construção da memória

BOSI, Ecléa. *Memória e sociedade* – lembranças de velhos. 14ed. São Paulo: Companhia das Letras, 2007.

BRUNEAU, Thomas. *O Catolicismo brasileiro em época de transição.* São Paulo: Loyola, 1972.

CASTRO, Josué. Fome e o desequilíbrio econômico, p. 11-55. In: *"O Livro negro da Fome".* São Paulo, Editora Brasiliense, 1960.

CAMACHO, Ildefonso. *Doutrina Social da Igreja.* São Paulo: Edições Loyola, 1995.

CHABONNEAU, Paul-Eugene, *Cristianismo, Sociedade e Revolução.* São Paulo: Editora Heder, 1967.

CHABONNEAU, Paul-Eugene. *"Desenvolvimento dos povos".* São Paulo: Editora Heder, 1967.

CASADEI, Eliza Bachega. Maurice Halbwachs e Marc Bloch em torno do conceito de memória coletiva. *Revista Espaço Acadêmico.* Volume 9, nº 108, Maringá, Maio de 2010.

CADIOU, François & Outros. *Como se faz história: historiografia, método e pesquisa.* Tradução: Giselle Unti, Petrópolis: Editora Vozes, 2007.

COMAY, R. O fim de partida de Benjamin. *In:* BENJAMIN, A. & OSBORNE, P. *A filosofia de Walter Benjamin.* Tradução de Maria Luiza X. de A. Borges. Rio de Janeiro: Jorge Zahar, 1997.

CASTORIADIS, Cornelius. *Experiencia do movimento operário.* Edição Brasileira.

DOSSE, François. "Uma história social da memória", In: *A História.* Bauru: Edusc, 2004

DUFFY, Eamon. "Santos e Pecadores"; *História dos Papas.* Tradução: Luis Antônio Araújo. São Paulo: Cosac & Naify Edições, 1998.

FERNANDES, Florestan. *Marx e Engels.* São Paulo, Editora Ática, 1989.

FARIA, Hamilton. *A Experiência operária nos anos de resistência: a oposição sindical metalúrgica de S. Paulo e a dinâmica do movimento operário* (dissertação de mestrado) São Paulo: PUC, 1986.

FERREIRA, Elizabeth Fernandes Xavier. *Mulheres, militância e memória.* Rio de Janeiro: Fundação Getúlio Vargas, 1996.

GAGNEBIN, Jeanne Marie." Memória, História e Testemunho", In: *Stella & NAXARA, Márcia (org) Memória e resentimento. Indagações sobre uma questão sensível.* Campinas: ED Unicamp, 2004 p. 85-94.

GAGNEBIN, Jeanne Marie. *História e narração em Walter Benjamin.* São Paulo: Perspectiva, 2009.

GASPARI, Élio. *A ditadura envergonhada.* São Paulo: Companhia das Letras, 2002.

GINZBURG, Carlo. *O queijo e os vermes: o cotidiano e as idéias de um moleiro perseguido pela Inquisição.* São Paulo: Companhia das Letras, 1987.

GOHN, Maria da Glória. *Teoria dos movimentos sociais: paradigmas clássicos e contemporâneos*, 5ª ed. São Paulo: Loyola, abril de 2006.

HALBWACHS, Maurice. *A Memória Coletiva.* São Paulo: Ed. Centauro, 2004.

HOBSBAWM, Eric. "Introdução" In: HOBSBAWM, Eric. RANGER, Terence. *A Invenção das Tradições.* Rio de Janeiro: Paz e Terra, 1984.

HOBSBAWN, Eric. *Os trabalhadores: estudos sobre a história do operariado.* Rio de Janeiro: Paz e Terra, 1981.

Santo Dias: a construção da memória

HOBSBAWM, Eric. *Sobre a História*. São Paulo: Companhia das Letras, 1998.

HOBSBAWM, Eric. *Era dos Extremos: o breve século XX: 1914-1991*. São Paulo: Companhia das Letras,1995.

KECK, Margaret. *PT a lógica da diferença: o Partido dos Trabalhadores na construção da democracia brasileira*. São Paulo, Editora Ática, 1991.

MARTINS, Heloísa H. T. de Souza. *O Estado e a burocratização do sindicato no Brasil*. São Paulo: Hucitec, 1978.

MARONI, Amnéris. *A estratégia da recusa: análise das greves de maio 1978*. São Paulo: Brasiliense, 1982.

MARTINS FILHO, João Roberto. *O palácio e a caserna: a dinâmica militar das crises políticas na ditadura (1964-1969), 1993*. Tese de Doutorado em Filosofia, Unicamp, Campinas-SP.

MCKENZIE, John L, *Dicionário Bíblico*. Trad. Álvaro Cunha, São Paulo, Ed. Paulinas, 1983.

MENDONÇA, Sonia R.; FONTES, Virginia Maria. *História do Brasil Recente 1964-1980*. São Paulo: Editora Ática, 1998.

MEZZANOTTE, Ricardo. *Vultos da História: João XXIII*. Tradução: Edna Flanklin de A. Gimenez, São Paulo: Edições Melhoramentos, 1976.

MURARO, Valmir F. *JOC: uma utopia operária?*(dissertação de mestrado). São Paulo: USP, 1984.

MOISES, José Álvaro. *Alternativas Populares da Democracia: Brasil anos 80*. Petrópolis: Vozes, 1982.

NORA, P. Entre Memória e História: a problemática dos lugares. *Projeto História*, nº 10, dezembro de1996.

LALANDE, Bernade. *"Pacem in Terris"*. Tradução: João Maia. Livraria SamPedro Editora, Lisboa, 1964.

LIBANIO & MURAD. *"Introdução a Teologia"*. São Paulo: Edições Loyola, 1996.

LÖWY, Michael. *Marxismo e Teologia da Libertação*. Tradução: Myrian Vera Baptista, São Paulo: Cortez Editora, 1991.

PAZIANI, Rodrigo Ribeiro. Problemas, limites e possibilidades: os desafios do paradigma biográfico. *Revista Brasileira de História & Ciências Sociais*. vol. 2, nº 4, Dezembro de 2010

PENA, Felipe. *Teoria da biografia sem fim*. Rio de Janeiro: Mauad, 2004.

POLLAK, Michael. *Memória, Esquecimento, Silêncio*. Estudos Históricos, Rio de Janeiro, vol. 2, nº 3, 1989.

REVEL, Jacques. Microanálise e construção do social. *In:* ___. *(org.). Jogos de escalas: a experiência da microanálise*. Trad. Dora Rocha. Rio de Janeiro: FGV, 1998, p. 15-38.

SADER, Eder. *Quando novos personagens entram em cena: experiência e luta dos trabalhadores da grande São Paulo, 1970-1980*. Rio de Janeiro: Paz e Terra, 1988.

SANT' ANNA, Silvio Luiz. *Santo dos nossos dias; fé, política e compromisso social no cotidiano de luta de um operário na Paulicéia dos anos 70*. São Paulo: Líber Edições, 1970.

SERBIN, Kenneth. *Díalogos na sombra: bispos e militares, tortura e justiça social na ditatura*. São Paulo. Companhia das Letras, 2001.

SCHMIDT, Benito B. Grafia da vida: reflexões sobre a narrativa biográfica. História Unisinos. São Leopoldo: *Revista do Programa de Pós-Graduação em História daUniversidade do Vale dos Sinos*, vol. 8, nº 10, jul./dez. 2004, p. 131-142.

SENNETT, Richard. *O declínio do homem público: as tiranias da intimidade*. Trad. LigiaWatanabe. São Paulo: Companhia das Letras, 1998.

SOUZA, André Ricardo de. Igreja Católica e Mercados: a Ambivalência entre a Solidariedade e a Competição. *Religião e sociedade.* Volume 27, nº 1, Rio de Janeiro, Julho 2007.

VARAZZE, Jacopo. *Legenda Áurea; história dos santos.* Tradução: Hilário Franco Junior, Companhia das Letras, São Paulo, 2003.

VARUSSA, Rinaldo J. *Pastorais operárias: religiosidade, perspectivas e práticas políticas. Arquidiocese de São Paulo (1964-1975).* (dissertação de mestrado) São Paulo: PUC,1995.

TELES, Janaína (org.). *Mortos e desaparecidos políticos: reparação ou impunidade?* São Paulo: Humanitas – FFLCH/USP, 2000

TELLES, Vera da Silva. *A experiência do autoritarismo e práticas instituintes: os movimentos sociais em S. Paulo nos anos 70.* (dissertação de mestrado). São Paulo: USP, 1984.

THOMPSON, Edward P. *A formação da classe operária inglesa, "A árvore da liberdade",* vol. I, Rio de Janeiro: Paz e Terra, 1987.

TOLEDO, Caio Navarro de. *O governo Goulart e o golpe de 64.* São Paulo: Brasiliense – 1988.

FONTES PRINCIPAIS

Arquidiocese de São Paulo. *Brasil: tortura nunca mais.* Pref. De D. Paulo Evaristo Arns. Petrópolis (RJ): Vozes, 1985.

Fundo Santo Dias. Centro de Documentação e Memória (CEDEM) da Universidade Estadual de São Paulo (Unesp)

DIAS, Luciana; AZEVEDO, Jô & BENEDICTO, Nair. *Santo Dias: quando o passado se transforma em história.* São Paulo, Cortez, 2004.

NOSELLA, Paolo. *Por que mataram Santo Dias.* São Paulo: Editora Cortez, 1980.

Anexos

Mãe e Pai de Santo Dias, anos 1950

Família de Santo Dias,
década de 1950.

O Santo Dias jovem, início dos anos 1960.

Santo Dias: a construção da memória

177

SANTO DIAS

Viradouro Estado de S. Paulo 22 de fevereiro de 1.962
Saudações
Cara Maria espero que estas poucas
linhas vão encontrar você gozando suas
felicidade. Em quanto eu e minha
familia vamos passando bem graças
a Deus,
Ana Maria eu recebi sua carta fiquei
surpreendido com suas novidade
E fiquei tambem gostando em saber
que você recebeu a minha carta
porque eu pencei que o seu enderço
estivecé errado e pencei que ela
podece pegar outro destino.
Ana Maria sem mais nada tratar
termino esta com muita saudade
de você e todos dai:
E vai um abraço da ninê e muitas
lembranças de todos de minha familia
E um abraço meu a você Ana Maria
Responta Breve
Santos Dias da Silva

Carta de Santo Dias para sua namorada e futura esposa Ana Dias,
Fevereiro de 1962.

Santo Dias e sua família, 1968

Santo Dias e sua família em um passeio, Igreja antiga Aparecida do Norte 1969.

Santo Dias: a construção da memória

Atividades na Igreja do bairro no inicio da década de 1970.

Santo Dias em sua comunidade, anos 1970.

Visita de Dom Evaristo Arns a comunidade, inicio da década de 1977

Santo Dias em um piquenique com a família e amigos, 1975.

Santo Dias: a construção da memória

Santo Dias atuando na oposição sindical, na Pastoral Operária e no Movimento Custo de Vida, 1978

Santo Dias construindo sua casa, 1969.

Imagens da casa de Santo Dias, anos 1970.

Santo Dias: a construção da memória

Santo Dias praticando atividades esportivas, anos 1960.

Irmã Passoni, freira líder comunitária.

Companheiros de Santo Dias, entre eles Valdemar Rossi, eleição do sindicato 1978.

Repressão aos trabalhadores, greves em São Paulo 1978.

Santo Dias: a construção da memória

Mobilizações da Oposição Sindical Metalúrgica, eleição do sindicato em 1978

Eleições do sindicato dos metalúrgicos de São Paulo, 1978.

Santo Dias: a construção da memória

Cortejo do funeral de Santo Dias, Praça da Sé 1979
Fotos: Ricardo Alves

Mobilização Movimento Custo de Vida, Praça da Sé em São Paulo 1978
Fotos: Ricardo Alves

Santo Dias: a construção da memória 189

Família de Santo Dias em diversas manifestações em sua memória, anos 1980.

Mobilizações dos trabalhadores após a morte de Santo Dias, final da década de 1970.

Celebração da Pastoral Operária, celebrada todos os anos desde a morte de Santo Dias no local onde foi assassinado em 30 de outubro de 1979.

Santo Dias: a construção da memória

Repressão contra a Igreja e aos estudantes nos anos 1970.

Repórteres da TV Globo expulsos pelos metalúrgicos após decisão da categoria, 1979.

Santo Dias: a construção da memória

Dom Evaristo Arns durante o cortejo do funeral de Santo Dias, 1979.

Lula acompanhando o velório de Santo Dias, 1979.

Santo Dias: a construção da memória

METAL LEVE
s.a. indústria e comércio

SANTO DIAS

São Paulo, 03 de março de 1978

Ao(s) Sr(s)
SANTO DIAS DA SILVA
RE. 21.258 — CC. 216.156
INSPEÇÃO USINAGEM - 1

EM MÃOS

Prezado(a) Senhor(a):

Servimo-nos da presente para notificá-lo(a) que seu contrato de trabalho está rescindido, a partir desta data.

Solicitando-lhe acusar o recebimento desta, mediante o seu "ciente" na cópia anexa, subscrevemo-nos,

atenciosamente

RELAÇÕES INDUSTRIAIS

N.º 928 - 20 3/a. 50x2 - 8/76 - EVD

Aviso prévio de Santo Dias após ser demitido da empresa Metal Leve por participar das eleições sindicais, 1978.

CARTÓRIO DO REGISTRO CIVIL
20.º SUBDISTRITO — JARDIM AMÉRICA
Município e Comarca da Capital do Estado de São Paulo (Brasil)

ALCEBÍADES NASCIMENTO MORENO
Oficial do Registro Civil
REINALDO RIBEIRO MARTINS
OFICIAL MAIOR

CARTÓRIO:
Praça Benedito Calixto, 74

Certidão de Óbito

Livro _C,84_   Fôlha 81V   Número 42197

CERTIFICO que, no livro competente de Óbitos, dêste cartório, foi lavrado o assento de SANTO DIAS DA SILVA, falecido a 30.10-1979, as 13 hs, 30 mts,

do sexo masculino, de côr morda, profissão industriario natural de Terra Roxa,SP, em 22-02-1942,- residente a rua UM, nº.16, Jardim Santa Teresa, em Santo Amaro, com 37 anos de idade, estado civil casado filho de Jseus Dias da Silva e Laura Amancio,

Atestado de óbito firmado pelo Dr. Samuel Brumer, legista, que deu como causa da morte hemorragia interna traumatica,

Sepultado no cemitério de Campo Grande

Foi declarante Waldemar Lamarca,
O falecido era casado com ALA MARIA DO CARMO SILVA, em Viradouro, SP, em 06/02/1965. Deixou bense dois filhos de nomes- Santo, com 13 anos e Luc com 12 anos. Era eleitor,

Eu, _____ datilografei e conferi
O referido è verdade e dou fé.

São Paulo, 31.10.1979

O oficial, _____

Certidão de Óbito de Santo Dias, 1979.